अल्फ्रेड नोबल

अल्फ्रेड नोबल

विनोद कुमार मिश्र

प्रकाशक
प्रभात प्रकाशन प्रा. लि.
4/19 आसफ अली रोड, नई दिल्ली-110002
फोन : 011-23289777 • हेल्पलाइन नं. : 7827007777
इ-मेल : prabhatbooks@gmail.com ❖ वेब ठिकाना : www.prabhatbooks.com

संस्करण
2024

मूल्य
तीन सौ रुपए

मुद्रक
नरुला प्रिंटर्स, दिल्ली

ALFRED NOBEL
A biography by Shri Vinod Mishra
Published by **PRABHAT PRAKASHAN PVT. LTD.**
4/19 Asaf Ali Road, New Delhi-110002
ISBN 978-93-5048-335-0
₹300.00 (PB)

पूज्य पिताजी

स्व. श्री लक्ष्मी चरण मिश्र

की चिरस्मृति को सादर समर्पित।

भूमिका

'अति सर्वत्र वर्जयेत्'—अर्थात् किसी भी चीज की अति या ज्यादती बुरी होती है। संस्कृत की यह उक्ति प्राचीन काल से ही लोकप्रिय है। पर यह भी सत्य है कि किसी भी चीज की अति परिवर्तन का कारण बनती है। बहुत गरीबी व्यक्ति को प्रेरित करती है और वह धनवान् बनता है। बहुत धन व्यक्ति को आलस्य या अन्य दुष्कर्मों की ओर ले जाता है और अंततः वह गरीब हो जाता है।

पूँजीवाद की अधिकता समाज को समाजवाद की ओर धकेलती है। साम्यवाद की अधिकता ने रूसी खेमे को फिर से पूँजीवाद की ओर धकेल दिया। जख्मी व्यक्ति या देश शक्तिशाली होने का प्रयत्न करता है और कई बार आतंक का पर्याय भी बन जाता है। बहुत अधिक अशांति लोगों के मन में शांति की ऐसी चाहत भर देती है कि खुद-ब-खुद अशांति थमती चली जाती है।

पर आम लोग जिस पथ पर चलते हैं उसके चरम के बारे में कल्पना नहीं कर पाते हैं। कल्पना वही कर पाते हैं जिनके पास दूरदृष्टि होती है। पर जब वे अपनी कल्पना को सामने रखते हैं तो समाज सहसा उनपर विश्वास नहीं कर पाता और कई बार लांछन भी लगाता है। अनेक लोग तो लांछन समेत ही जीवन व्यतीत करते हैं और मरने के बहुत समय बाद उनका लांछन मिट पाता है। तब जाकर लोग उन्हें सम्मान के साथ याद करते हैं।

अल्फ्रेड नोबल का जीवन उपर्युक्त तथ्यों की जीती-जागती मिसाल थी। बचपन में उन्होंने भयंकर गरीबी, दिवालियापन, अभाव, अपमान, दर-बदर देखे और सहे। पर जब भी राहत मिली तो उसका उपयोग अच्छी शिक्षा

(भले ही औपचारिक न सही), अच्छा ज्ञान प्राप्त करने में किया।

कड़ा परिश्रम व अटूट लगन ने उन्हें फिर से धनवान् व सफल बनाया। खान मजदूरों की सुविधा के लिए बनाए गए उनके विस्फोटकों ने ऐसी धूम मचाई कि अल्फ्रेड स्वयं विस्फोटकों के पर्याय हो गए।

अल्फ्रेड का जीवनकाल मानव सभ्यता का वह युग था, जब युद्ध अपने यौवन पर थे। यूरोप के विभिन्न देश आपस में बात-बात पर लड़ रहे थे। साम्राज्यवादी ब्रिटेन, फ्रांस अपने उपनिवेशों को बढ़ाने और सशक्त करने में लगे थे। अमेरिका गृह-युद्ध से उबरा था और महाशक्ति बनने के लिए अँगड़ाई ले रहा था। ऐसे में अल्फ्रेड के विस्फोटकों का युद्धों में प्रयोग होना अतिसामान्य प्रक्रिया थी और जल्दी ही अल्फ्रेड को हथियारों के कारोबार में भी उतरना पड़ा।

वह युग पूँजीवाद के भी यौवन का युग था। कंपनियाँ अपना विस्तार कर रही थीं। उस प्रक्रिया में वे सभी प्रकार के नैतिक व अनैतिक हथकंडे अपना रही थीं। ऐसे में एक विशाल औद्योगिक साम्राज्य स्थापित करनेवाले अल्फ्रेड नोबल को किन-किन कठिनाइयों का सामना करना पड़ा होगा, कोई पुस्तक इस बात का केवल अहसास दिला सकती है, वर्णन करना तो बहुत कठिन होगा।

अपने जीवन में अल्फ्रेड को असह्य अकेलापन भोगना पड़ा। उस पीड़ा ने साहित्य का रूप ले लिया। पर उत्पन्न साहित्य उस कोटि का नहीं था जिस कोटि के उनके अन्य कृतित्व थे जैसे—आविष्कार, वित्तीय प्रबंधन आदि। अंततः उस साहित्य का एक बड़ा हिस्सा या तो खो गया या बाद में उसे जानकर नष्ट किया गया। पता नहीं, यह कितना सही था और कितना गलत, यह पाठक स्वयं तय करेंगे।

सदियों से दुनिया बँटी हुई है—कहीं जाति के नाम पर तो कहीं धर्म के नाम पर। राजनीतिक दृष्टि से सीमाएँ खड़ी हैं। कहीं भौगोलिक सीमाएँ हैं और कहीं कृत्रिम सीमाएँ ही हैं। एक अच्छा कार्य सीमा के इस पार अच्छा माना जाता है तो सीमा के उस पार गलत और कभी-कभी तो उसे देशद्रोह की संज्ञा भी दे दी जाती है।

भारी सफलता, अथाह दौलत के बाद भी अल्फ्रेड को देशद्रोह का

आरोप भी झेलना पड़ा और दर-बदर भी होना पड़ा। वे सारी दुनिया के होना चाहते थे, कोशिश भी की; पर अंततः उन्हें अपने वतन ही लौटना पड़ा।

जीवन भर अकेलापन झेलनेवाले अल्फ्रेड अकेले ही मर गए। मृत्यु से पूर्व उनकी आँखों ने अपनों को अवश्य तलाशा होगा। अनेक भाषाओं में धारा-प्रवाह बोलनेवाले अल्फ्रेड ने अंतिम समय में स्वीडिश में ही बुदबुदाने का प्रयास किया और उनका सेवक केवल 'टेलीग्राम' शब्द ही समझ सका।

पर अथाह दौलत और अपार ख्याति तो अपनों को भी अपना नहीं रहने देती, बेगाने तो बेगाने ही होते हैं। लोगों की अपेक्षाएँ इतनी बढ़ जाती हैं कि पूरा करना संभव नहीं होता और अपने बेगानों से भी बदतर हो जाते हैं। अल्फ्रेड के शव पर आँसू बहाने के बजाय अपने लोग वसीयत ढूँढ़ते रहे। जब मिली तो मुकदमे ठोंकते रहे। जिस प्रकार आज भारत के प्रधानमंत्री और राज्यों के मुख्यमंत्री उद्योगपतियों के सामने उद्योग लगाने की विनती करते रहते हैं, उसी प्रकार स्वीडन की तत्कालीन राजसत्ता ने भी अल्फ्रेड को आकर्षित करने में कोई कसर नहीं छोड़ी थी। पर मरने के बाद उसी राजसत्ता ने अल्फ्रेड पर, जो एक आँचल का प्यार पाने की हसरत लिये दुनिया से चले गए, महिला मित्र के प्रभाव में आकर देश-विरोधी कार्य करने का आरोप लगा दिया था।

अल्फ्रेड मरकर सबके हो जाना चाहते थे। यही उन्होंने किया। उन्हें पता था कि परिवार जन सक्षम हैं और जितना भी देंगे, उससे ज्यादा वे स्वयं कमा लेंगे और लेकर भी उनका मन नहीं भरेगा। उन्होंने ऐसे लोगों के लिए मार्ग तैयार किया जो उनकी तरह उत्कृष्टतम व उपयोगी कार्य समाज के लिए करते हैं। उन्होंने पुरस्कार देने का दायित्व भी स्वीडन के राजा पर ही डाला था।

बहुत से लोग इस समाज में होते हैं, जो अपने जीवनकाल में समाज पर अपनी छाप छोड़ते हैं। थोड़े लोग ऐसे होते हैं जो मरने के बाद भी जाने जाते हैं और समाज जब उनके व्यक्तित्व को याद करता है या कृतित्व का भोग करता है तो उनका नाम आदर से लेता है। समय के साथ यह याद मंद होती जाती है। बहुत थोड़े लोग ऐसे होते हैं जिनकी छाप लंबे समय तक समाज पर बनी रहती है और वे ऐतिहासिक पुरुष बन जाते हैं।

पर ऐसे लोग विरले ही होते हैं जिनका कृतित्व समय के साथ ऐसे खिलता रहता है जैसे हर वर्ष डाली से उगनेवाला फूल। लोगों के मस्तिष्क में ऐसे लोगों की याद हमेशा ताजा रहती है। अल्फ्रेड नोबल ऐसे ही महापुरुष थे। हर वर्ष तमाम लोग उनके द्वारा स्थापित नोबल फाउंडेशन के पुरस्कारों के लिए नामित होते हैं। पुरस्कार की घोषणा पर विवाद भी होता है; पर इन पुरस्कारों की उपयोगिता निर्विवाद रही है और आगे भी रहेगी। जितना कार्य नोबल ने अपने जीवनकाल में किया उससे ज्यादा कार्य उनके पुरस्कारों की प्रेरणा से हो गया।

अल्फ्रेड नोबल का जीवन अति जटिल व बहुआयामी था। अपने बारे में तो उन्होंने चंद पंक्तियाँ ही लिखीं, पर उनके बाद उनपर अथाह साहित्य विभिन्न भाषाओं में रचा गया। प्रस्तुत रचना उनके व्यक्तित्व व कृतित्व को संक्षेप में किसी तरह प्रस्तुत करने का विनम्र प्रयास है।

हालाँकि इसके लिए प्रयुक्त सामग्री प्रामाणिक स्रोतों से ली गई है और प्रस्तुतीकरण में भी पूरी सावधानी बरती गई है; पर फिर भी यदि कहीं कोई त्रुटि रह गई हो तो पाठक इसकी सूचना अवश्य दें, ताकि अगले संस्करण में उसका परिमार्जन किया जा सके।

महान् वैज्ञानिकों के जीवन के विभिन्न पहलुओं को पुस्तकाकार में प्रस्तुत करने का कार्य सुचारु रूप से आगे बढ़ रहा है। अब तक आइंस्टाइन, एडिसन, डार्विन, लियोनार्डो द विंची पर पुस्तकें आ चुकी हैं और पाठकों की प्रतिक्रिया सकारात्मक रही है। न्यूटन व ग्रेगर मेंडल पर पांडुलिपियाँ तैयार हैं। मैडम क्यूरी, ग्राहम बेल, फ्रायड, हेनरी फोर्ड पर इसी प्रकार का कार्य किया जाना है। आशा है, कुछ वर्षों में हिंदी पाठक विशेष रूप से बच्चे इन वैज्ञानिकों के व्यक्तित्व व कृतित्व को सरल व सुगम भाषा में पढ़ व समझ सकेंगे।

मेरी पत्नी वीना मिश्र तथा पुत्रों वरुण व विशाल ने घरेलू दायित्वों से यथासंभव मुक्त रखकर इस कार्य में योगदान किया है। इसके लिए मैं उनका आभारी हूँ।

—**विनोद कुमार मिश्र**

सूची-क्रम

परिशिष्ट

विरासत

सन् 1655 में जनमे पेट्रस ओलाई नोबेलियस ने 1682 में उपासला विश्वविद्यालय से कानून की परीक्षा पास की थी। वे दक्षिणी स्वीडन के स्केन प्रांत के रहनेवाले थे। उनका वास्तविक नाम पेउर ओलफसन था, पर उन्होंने अपने पैतृक क्षेत्र 'ओस्त्रा नोबलॉव', जो स्केन के दक्षिण-पूर्वी भाग में स्थित था, का नाम अपने नाम के साथ जोड़ा।

युवा पेट्रस ज्ञान-पिपासु तथा संगीत में महारत रखनेवाले थे। कानून की पढ़ाई करने के बाद भी उन्होंने कानून की डिग्री नहीं ली। संगीत की प्रतिभा के कारण उन्हें शाही वेतन मिलता था। साथ ही संभ्रांत लोगों में उनका उठना-बैठना भी होता था।

उनका विवाह मार्च 1696 में 1667 में जनमी वेंडेला रडबैक से हुआ था। वह भी ऐसे परिवार से थी जिसमें लोगों की साहित्य व वैज्ञानिक कार्यों में गहरी रुचि थी। यही पेट्रस व वेंडेला अल्फ्रेड नोबल के प्रपितामह के पिता थे। उन्हें प्रथम नोबल दंपती भी कहा जा सकता है।

पेट्रस ओलाई नोबेलियस बाद में जिला जज भी बने। उनके दो पुत्रों में से एक ओलोफ पार्सन तोबेलिसय का जन्म सन् 1706 में हुआ था, जो कि अल्फ्रेड नोबल के प्रपितामह थे। उन्होंने वैज्ञानिक ड्राइंग में महारत हासिल की थी।

पर उनकी आर्थिक स्थिति अच्छी नहीं रही। इस कारण उन्हें कर्ज भी लेना पड़ा था। उनका विवाह अन्ना वालिंग से हुआ था।

अल्फ्रेड नोबल प्रपितामह का देहांत भी जल्दी हो गया था और उनकी परदादी ने अपने बच्चों को बड़ी गरीबी से पाला था। एक ओर खाने के लाले

पढ़ते रहे, पर उस महान् महिला ने अपने बच्चों को किसी प्रकार अच्छी शिक्षा दिलाई।

उनके बेटों में से एक सेना में भरती हुआ और ऊँचे पद तक पहुँचा। उनका सबसे छोटा बेटा था इमानुएल, जिसका जन्म सन् 1757 में अपने पिता के देहांत से कुछ ही पहले हुआ था। इमानुएल की इच्छा डॉक्टर बनने की थी। वे एक अच्छे शल्य चिकित्सक बने। उन्हें छात्रवृत्ति भी मिली थी। पर विशेष बात यह थी कि अपने दादा की तरह उन्होंने भी डिग्री नहीं ली। पर वे एक कुशल चिकित्सक थे और उन्हें उनके चिकित्सकीय कार्यों में विशेष रूप से टीकाकरण के लिए पुरस्कार व सम्मान भी मिला था।

इमानुएल नोबेलियस ने अपना नाम बदला था और वे Nobell लिखने लगे थे। बाद में सन् 1785 में वे नोबल (Noble) लिखने लगे। इमानुएल नोबल का पहला विवाह अन्ना क्रिस्टीना रोजेल से हुआ था, जो एक मेयर की पुत्री थी।

पर पहली पत्नी का देहांत हो गया। इमानुएल नोबल का दूसरा विवाह ब्रिटा कैटरीना से हुआ, जो एक जहाज के मालिक की बेटी थी।

ब्रिटा ने तीन बच्चों को जन्म दिया, जिनमें सबसे बड़े थे इमानुएल नोबल जो अल्फ्रेड नोबल के पिता बने। 24 मार्च, 1801 को जनमे इमानुएल ने बचपन से ही गरीबी देखी और जीवन भर इसकी चपेट में आते रहे।

बालक इमानुएल को पिता इमानुएल ने लिखना और पढ़ना तो स्वयं सिखा दिया था, पर स्कूल तब भेजा जब वह चौदह वर्ष का हो चुका था। इस कारण उसका व्याकरण त्रुटिपूर्ण बना रहा और हस्तलिपि का अभ्यास नहीं रहा। अपनी स्कूली

रजत मेडल पर अल्फ्रेड नोबल

पढ़ाई के तत्काल बाद किशोर इमानुएल ने अपना कामकाज प्रारंभ कर दिया। उसे समुद्र रास आया। इसका एक कारण यह भी था कि उसके नाना का जहाज का कारोबार था। उसे उसने बचपन में देखा था। सन् 1815 में किशोर इमानुएल एक केबिन ब्वॉय के रूप में एक जहाज में भरती हुआ और दुनिया की सैर के लिए रवाना हो गया। उसने मध्य एशिया व पूर्वी भागों के बंदरगाहों का जीवन देखा और सन् 1819 में लौट आया। इसी बीच उसे लगा कि वह चित्र बनाने और मेकैनिक के रूप में कार्य करने में कुशल है।

नोबल के पुत्र

इसके साथ ही उसे अकादमी ऑफ लिबरल आर्ट्स में विधिवत् ड्राइंग सीखने का अवसर मिला। उसकी ड्राइंग ने अनेक लोगों को प्रभावित किया तथा उसे 6 डॉलर की छात्रवृत्ति भी मिली। उसकी मनोवृत्ति आविष्कारी हो गई। अपने प्रारंभिक दौर में इमानुएल नोबल ने तीन पेटेंट हासिल कर लिये। ये सब छोटी-छोटी मशीनें थीं। वे जल्दी ही एक बड़े निर्माण ठेकेदार के रूप में जाने जाने लगे। जब उन्हें एक पहाड़ी में एक बड़ी इमारत के निर्माण का कार्य मिला तो इसके लिए उन्हें पहाड़ी चट्टानों को तोड़ना था।

इमानुएल नोबल ने परंपरागत छेनी-हथौड़ी के प्रयोग के स्थान पर गन पाउडर के प्रयोग से उस स्थान पर जगह बनाई। उसके बाद उन्होंने अनेक प्रकार की अनोखी इमारतें भी बनाईं तथा टूल-उपकरण आदि भी तैयार किए।

विवाह

सन् 1827 में इमानुएल ने एक एकाउंटेंट की बेटी एंड्रीयेट आलसेल से विवाह किया, जिसका जन्म 1805 में हुआ था। सन् 1831 तक इमानुएल

की आर्थिक स्थिति इतनी मजबूत हो गई थी कि उन्होंने स्टॉकहोम में एक छोटा सा मकान भी खरीद लिया था।

अब तक उसके दो पुत्रों का जन्म हो चुका था, पर तभी उसके भाग्य ने पलटा खाया और उसके तीन जहाज, जो कीमती निर्माण सामग्री भरकर ला रहे थे, डूब गए। अन्य दुर्घटनाओं के अलावा उनका पारिवारिक घर भी नववर्ष की पूर्व संध्या को अर्थात् 31 दिसंबर, 1832 को आग की चपेट में आ गया और पूरी तरह जल गया।

दिवालिया

जनवरी 1833 में इमानुएल दिवालिया हो गए। अब वे किराए के मकान में बहुत कठिनाई से गुजारा करने लगे।

□

जन्म

21 अक्तूबर, 1833 में इस दिवालिया परिवार में एंड्रीयेट ने एक और पुत्र को जन्म दिया। घर में फूटी कौड़ी नहीं थी। दो बच्चे पहले ही थे। पिछला मकान आग की चपेट में आने के कारण एंड्रीयेट को भयंकर सर्दी से बचाव के लिए आग जलाने में डर लगता था।

शिशु अल्फ्रेड जब दुनिया में आया तो अत्यंत कमजोर था और ऐसा लग रहा था कि वह नहीं बचेगा। पर वह बच गया और भयानक ठंड में सिकुड़ता रहा। बाहर बर्फ गिरती थी और अंदर रोशनी के लिए मिट्टी के

9 नॉरलेंड्सगेटन (स्टॉकहोम) : अल्फ्रेड का जन्मस्थान

तेल का दीया और गरमी के लिए लोहे का बना स्टोव, जो धुआँ ज्यादा देता था और गरमी कम।

सेंट पीटर्सबर्ग : जब अल्फ्रेड नौ वर्ष के थे

बच्चे प्रारंभ से ही सर्दी-खाँसी, कफ के शिकार हो गए थे। घर के पीछे कूड़ा फिंकता था, जहाँ से मोटे चूहे दूर-दूर तक दौड़ लगाते थे। घर में सस्ते-से-सस्ता राशन आता था और भरपेट भोजन नहीं जुट पाता था।

तत्कालीन सामाजिक व्यवस्था

उस समय स्टॉकहोम में गरीबों की हालत वैसे भी बहुत खराब थी। भोजन की कमी, गंदगी के कारण महामारियाँ फैलती रहती थीं, जिनके कारण जितने लोग जन्म लेते थे उससे ज्यादा मर जाते थे। राजनीतिक उथल-पुथल के कारण आर्थिक मंदी छाई हुई थी।

हजारों छोटे व्यापारी दिवालिया घोषित हो रहे थे। पर इमानुएल इससे कोई खास सबक नहीं सीख रहा था। वह अपने आविष्कारों के आधार पर नए व जोखिम भरे व्यवसाय करने की चेष्टा कर रहे थे।

पर माता, जो एक मँजे हुए एकाउंटेंट की बेटी थीं, शांत स्वभाव की थीं और किसी तरह घर चलाती थीं। उसने अपने बच्चों को भी अपनी जरूरतों को कम-से-कम खर्च में पूरा करना सिखाया। गरीबी के कारण अल्फ्रेड के बड़े भाइयों रॉबर्ट व लुडविंग को सड़क के किनारे छोटी-छोटी चीजें, जैसे माचिस आदि, भी बेचनी होती थीं, जिससे प्राप्त कुछ सिक्कों से घर में खाने का सामान आ पाता था।

माता एंड्रीयेट बहुत सवेरे उठकर काम करना प्रारंभ कर देती थी। वह सस्ती कतरनों से अपने बच्चों के कपड़े सिलती थी, पर उन्हें साफ-सुथरा रखती थी। पिता इमानुएल के पास अपना कोई कारखाना नहीं था और वे भी

घर में ही अपने प्रयोग आदि करते थे, जिससे घर अस्त-व्यस्त रहता था।

अल्फ्रेड और उसके भाइयों को केवल क्रिसमस के अवसर पर ही भरपेट व स्वादिष्ट भोजन मिल पाता था। पिता इमानुएल अपने संघर्ष में जुटे थे। हालाँकि वे अत्यंत बुद्धिमान व प्रतिभावान् थे, पर आर्थिक पक्ष की योजना बनाए बगैर ही साहस कर बैठते थे।

जब अल्फ्रेड मात्र चार वर्ष का था, तभी पिता इमानुएल नोबल का परिचय एक फिनलैंड-रूसी मूल के अधिकारी से हुआ। वह व्यक्ति तुरकू (फिनलैंड) का गवर्नर था और रूसी जार द्वारा गठित एक आयोग का अध्यक्ष भी था, जिसका दायित्व उद्योग व व्यापार को प्रोत्साहन देना था।

जब इमानुएल ने भूमिगत सुरंगें बनाने की अपनी तकनीक के बारे में उनसे चर्चा की तो वह अधिकारी प्रसन्न हुआ और उसने इमानुएल को तुरकू आने का निमंत्रण दिया।

इधर इमानुएल अपने कर्जदारों से परेशान था और उसने तत्काल जाने का निर्णय ले लिया। अपने परिवार को हौसला देकर वह अकेला ही 4 दिसंबर, 1837 को जहाज द्वारा रवाना हो गया।

अब एंड्रीयेट और उसके तीन बच्चों के पास कोई सहारा नहीं था। अपने पिता व रिश्तेदारों से सहायता लेकर उसने एक स्टोर खोला, जिसमें वह डेयरी उत्पाद व सब्जियाँ रखकर बेचने लगी। परिश्रमी व दृढ़ स्वभाववाली एंड्रीयेट ने शीघ्र ही अपने लिए तथा अपने छोटे-छोटे बच्चों के लिए दो वक्त की रोटी का प्रबंध कर लिया। अब वह अपने बच्चों की शिक्षा के बारे में सोचने लगी।

□

शिक्षा

गरीबी के कारण थोड़ा देर से ही सही, सात वर्ष की आयु में अल्फ्रेड पास के एक स्कूल में पढ़ने के लिए पहुँचा। वह स्कूल गरीबों के बच्चों के लिए था। मध्यम वर्ग व उच्च वर्ग के बच्चे अलग विद्यालयों में पढ़ते थे।

उस समय स्टॉकहोम में वर्गभेद बहुत था। गरीबों और अमीरों के बीच सतत संघर्ष चलता रहता था। गरीबों के स्कूल बंद, घुटनवाले कमरों में चलते थे, जिनकी खिड़कियाँ खुलती ही नहीं थीं।

छोटी-छोटी गलतियों पर स्कूली बच्चों की जमकर पिटाई होती थी। शायद ही कोई दिन होता था जब कोई बच्चा बिना पिटे रह जाता था। बच्चे फटे व गंदे कपड़ों में स्कूल आते थे। स्कूल चंदे से चलता था और इसके लिए हर छह महीने में शिक्षक व छात्र घर-घर जाकर संगीत सुनाकर चंदा वसूलते थे।

उधर पिता इमानुएल नई जगह पर नए सिरे से संघर्ष कर रहे थे। भूमिगत सुरंगों के अलावा इमानुएल ने अन्य काम भी हाथ में ले रखे थे। ये सभी हथियार व उपकरण सेना के लिए थे। उसे इस बात का भी दुःख था कि उसका अपना देश उसकी प्रतिभा व उसके प्रस्तावों की कद्र नहीं करता है।

विलक्षण छात्र अल्फ्रेड नोबल

इधर अल्फ्रेड ने स्कूल के पहले ही वर्ष में अपनी प्रतिभा की अद्‌भुत छाप छोड़ी। यह समाचार उसके पिता तक भी पहुँच गया।

वैसे तो एंड्रीयेट के तीनों बेटे योग्य थे। लुडविग का मस्तिष्क गजब का था। अल्फ्रेड अपने अनुशासन के लिए जाना जाता था और रॉबर्ट बड़ा परिश्रमी था; पर अल्फ्रेड में उपर्युक्त सभी गुणों का अद्‍भुत समन्वय था।

अपने स्कूल में पढ़ाई के दौरान अल्फ्रेड को तत्कालीन समाज के अन्य वर्गों से भी मिलने का अवसर मिला। स्कूलों के सम्मिलित समारोहों में उसने देखा कि जहाजियों के बच्चे सजे-धजे रहते थे और गरीबों के बच्चे घर के बने कपड़ों में गुजारा करते थे। समारोह में आनेवाले माता-पिता भी अलग तरीके के थे।

उस समय यूरोप में थोड़े से अमीर लोग थे, जो कि उन 90 कंपनियों का संचालन कर रहे थे, जो पूरे विश्व में व्यापार कर रही थीं। दूसरी ओर, गरीब लोगों की बड़ी संख्या थी जिनके पास न खाने को था और न पहनने को।

अल्फ्रेड नोबल को बाल्यकाल में ही इस असमानता का अनुभव हो गया था। उधर पाँच वर्षों के संघर्ष में पिता इमानुएल नोबल ने इतने संसाधन जुटा लिये थे कि वह अपने परिवार को अपने पास बुला लें।

21 अक्तूबर, 1842 को इमानुएल ने अपनी पत्नी और बच्चों के पासपोर्ट की व्यवस्था कर ली।

इस समाचार से उत्साहित एंड्रीयेट ने अपने बच्चों को रूसी भाषा के कुछ शब्द भी सिखा दिए।

□

पारिवारिक पुनर्मिलन

अब नोबल परिवार सेंट पीटर्सबर्ग स्थित लकड़ी के एक मंजिले मकान में आ गया, जो नहर के किनारे बना था। अब रहन-सहन का स्तर स्टॉकहोम की तुलना में बहुत बेहतर था। इमानुएल की आय भी बढ़ती जा रही थी।

इमानुएल ने रूसी सैन्य अधिकारियों से बेहतर संबंध स्थापित कर लिये थे और ये सैन्य अधिकारी इमानुएल द्वारा विकसित भूमिगत व समुद्री बारूदी सुरंगों में खासी रुचि ले रहे थे।

अल्फ्रेड नोबल का गाँव

इमानुएल से पहले रूसी सैन्य सामग्री का उत्पादन कुटीर उद्योग के रूप में होता था और दस्तकार किस्म के लोग काम करते थे। इमानुएल ने इसे वैज्ञानिक रूप दिया और यह भारी उद्योग बनने लगा।

एंड्रीयेट ने सेंट पीटर्सबर्ग आने के एक वर्ष के अंदर ही एक और पुत्र को जन्म दिया, जिसका नाम एमिल रखा गया। उसके बाद उसने एक पुत्र और एक पुत्री को जन्म दिया, पर वे नवजात अवस्था में ही भगवान् को प्यारे हो गए।

परिवार की आर्थिक स्थिति सुधर चुकी थी, पर अन्य समस्याएँ घर कर रही थीं। रूस की ठंड अल्फ्रेड के ऊपर भारी पड़ रही थी। उसे लगातार सर्दी, सिरदर्द आदि का सामना करना पड़ रहा था।

सन् 1841 में ही इमानुएल ने एक मशीन शॉप व एक फाउंड्री स्थापित कर ली थी। जब परिवार साथ आया तो उसे अपने बेटों की शिक्षा की चिंता हुई। उसने अपने बच्चों के लिए घर पर ही बेहतरीन ट्यूटर नियुक्त किए। उनमें से रसायन शास्त्र पढ़ानेवाले शिक्षक जिनिन व ट्रैप तो इमानुएल के मित्र थे। इसके अलावा भाषा पढ़ाने के लिए अलग शिक्षक रखे गए। रूस आते ही अल्फ्रेड ने रूसी भाषा सीख ली थी और वह धाराप्रवाह रूसी बोल लेता था।

पढ़ाई के अलावा अल्फ्रेड तत्कालीन रूसी परिस्थितियों से भी सीख रहा था। जार के शासन में पुलिस लोगों को समय-असमय परेशान करती रहती थी। लोगों के बोलने पर भी पाबंदी थी। किशोर अल्फ्रेड ने यह भी सुना कि फिदोर दोस्तॉयव्स्की को जेल भेज दिया गया और फाँसी की सजा सुनाई गई। अल्फ्रेड यह समझने लगा था कि पढ़े-लिखे और दूरदृष्टिवान् लोग ही शासन चला सकते हैं।

धीरे-धीरे अल्फ्रेड का विकास होता गया। प्रारंभ में वह एक शरमीला रोगी बच्चा था, जो अब सबकुछ समझने की चेष्टा कर रहा था। उसे किसी बात पर आश्चर्य नहीं होता था।

वह पढ़ाई के अतिरिक्त घर पर चल रहे काम में भी दिलचस्पी ले रहा था। उसका बड़ा भाई रॉबर्ट काम में लग गया था। जब अल्फ्रेड सोलह वर्ष का था, तभी उसका दूसरा भाई लुडविग अपनी पढ़ाई पूरी करके काम में लग गया।

इससे नोबल परिवार का कारोबार बढ़ गया। रक्षा उत्पादों जैसे राइफलों, तोपों के सामानों, सुरंगों आदि के अलावा भाप के इंजनों, पाइप लाइनों, लोहे के सामानों के भी ऑर्डर आ रहे थे। इमानुएल ने अपने रूसी साझीदार का हिस्सा भी खरीद लिया था और अपनी कंपनी का नाम भी बदल लिया था।

इमानुएल नोबल अपने बच्चों को औपचारिक शिक्षा कम और अपने कारोबार की व्यावहारिक शिक्षा ज्यादा दिला रहे थे। इसका परिणाम भी स्पष्ट रूप से सामने आ रहा था। अब तक शांत, शरमीला व बीमार-सा लगनेवाला बच्चा अल्फ्रेड एक मजबूत व दक्ष उद्यमशील किशोर बन गया था, जो कि ज्यादा-से-ज्यादा जानना चाहता था और उसे किसी नए ज्ञान पर आश्चर्य नहीं होता था। वह भी अपने पिता के बढ़ते कारोबार को देखकर प्रेरित हो रहा था और इसी बीच उसके पिता को आविष्कार हेतु शाही स्वर्ण पदक भी मिला। नोबल ऐंड संस का 'बना गरम करने वाला तंत्र' लोकप्रिय हो रहा था।

पर बचपन से उतार-चढ़ाव झेल रहे अल्फ्रेड को चढ़ाव के दिन ज्यादा देर तक देखने को नहीं मिले। कुछ सरकारी कानूनों में उलट-फेर, कुछ क्रीमिया युद्ध के बाद रूस द्वारा की गई संधि के कारण इमानुएल नोबल का व्यापार ठंडा पड़ने लगा।

इमानुएल ने अपने कारखाने में भारी निवेश करके उसे बढ़ा लिया था। इधर संधि के कारण रक्षा सामग्री की माँग समाप्त हो चली थी। पैसे की भयंकर तंगी प्रारंभ हो गई थी।

उधर किशोर अल्फ्रेड की साहित्य में रुचि प्रारंभ हो गई थी। सेंट पीटर्सबर्ग के कॉस्मोपोलिटन माहौल में अल्फ्रेड पाँच भाषाएँ सीख चुका था और वह अपनी एक पाठ्य पुस्तक का फ्रेंच भाषा में अनुवाद करने में जुट गया था।

पिता को जब पता चला कि अल्फ्रेड लेखक बनना चाहता है तो उन्हें बहुत बुरा लगा। उन्हें लगा कि लेखन शौक के रूप में तो ठीक है, पर व्यवसाय के रूप में किसी काम का नहीं है। इससे पीछा छुटाना आवश्यक है।

तंगी के दौर में कहीं से पैसे की व्यवस्था करके इमानुएल ने सोलह

वर्षीय अल्फ्रेड को सहमत किया कि वह लेखन का चस्का छोड़ दे और दुनिया घूमे, नई बातें सीखे, जो आगे व्यापार में काम आएँगी।

अल्फ्रेड को भी लगा कि उसके पिता ठीक कह रहे हैं। आखिर इमानुएल रात-दिन खटकर कर्जदारों का पीछा छुड़ा रहे थे। ऐसे में बेटा किस प्रकार कहानी या उपन्यास लिख सकता था।

भारी मन से लेखन को पेशा बनाने की बात त्यागकर अल्फ्रेड पेरिस आ गया। सन् 1849 में की गई इस यात्रा का उद्देश्य पेरिस स्थित रसायन-शास्त्री पेलॉज के साथ काम करना और रसायन-शास्त्र में महारत हासिल करना था।

अल्फ्रेड ने प्रो. पेलॉज को खासा प्रभावित किया। उनके पास आने से पूर्व ही अल्फ्रेड स्वाध्याय के द्वारा बहुत सारा ज्ञान अर्जित कर लिया था। यही नहीं, उसे प्रयोगशाला के लगभग सभी काम करने में दक्षता प्राप्त हो चुकी थी। वह अच्छे कपड़े पहनता था और अच्छा व्यवहार करता था।

इसके बाद अल्फ्रेड न्यूयार्क के लिए रवाना हुआ, जहाँ पर स्वीडन मूल के एक आविष्कारक व उद्योगपति जॉन एरिक्सन तरह-तरह के प्रयोग कर रहे थे। इस यात्रा का उद्देश्य इमानुएल के लिए समस्या का समाधान ढूँढ़ना था। उन दिनों इमानुएल रूस में अपने व्यापार का विस्तार कर रहे थे और अपने एक काम में भाप के स्थान पर गरम हवा का उपयोग करना चाहते थे। वे इस बारे में एरिक्सन की राय चाहते थे। वैसे वे एक पंथ दो काज चाहते थे। उनका उद्देश्य यह भी था कि उन जटिल औद्योगिक समस्याओं का हल निकालने और रसायन-शास्त्र में महारत हासिल करने के चक्कर में किशोर अल्फ्रेड के ऊपर चढ़ा साहित्य-रचना का भूत उतर जाएगा।

अल्फ्रेड ने न्यूयार्क में जॉन एरिक्सन के साथ काम करना प्रारंभ किया और वह जटिल तकनीकी समस्याओं का हल करने में जुट गया। एरिक्सन ने गरम हवा वाले 12,000 इंजन न्यूयार्क में बेचे थे। बेटे की सलाह पर इमानुएल ने भी रूसी युद्धपोतों पर इन इंजनों को लगाने का निर्णय किया।

अल्फ्रेड की प्रतिभा से एरिक्सन भी प्रभावित हुआ। बाद के काल में जब एरिक्सन ने युद्धपोत 'मॉनीटर' का निर्माण किया तो उसे अपार ख्याति मिली।

संयोगवश जब अल्फ्रेड एरिक्सन के पास काम पर रहा था, तभी उन दोनों में कुछ समानताएँ भी उभरकर आईं। दोनों ही कट्टर देशभक्त थे और चाहते थे कि वे अपनी मातृभूमि स्वीडन के लिए काम करें। पर जब अवसर नहीं मिला तो उन्होंने अपनी प्रतिभा को बेकार नहीं होने दिया और मानवता को लक्ष्य मानकर काम करते रहे। उनके लिए कार्य ही पुरस्कार था। वे जीवन में भोगी गरीबी व अपमान को भूलने का प्रयास करते थे।

अल्फ्रेड ने पेलॉज से बहुत सारा ज्ञान प्राप्त किया था और एरिक्सन से तकनीकी ज्ञान के अतिरिक्त व्यावसायिक प्रवृत्ति भी सीखी थी। पर साथ ही वह विदेश प्रवास से ऊब भी चुका था। अतः वह घर लौट आया।

□

उद्योग क्षेत्र में

वापस रूस आने पर अल्फ्रेड ने पाया कि उसके पिता का कारोबार जोर-शोर से चल रहा है। सभी ओर से पैसा बरस रहा था। इमानुएल की प्रतिष्ठा भी बढ़ रही थी।

पिता इमानुएल यह दावा भी कर रहे थे कि उन्होंने ही दुनिया में पहले-पहल भूमिगत व समुद्री सुरंगों का प्रयोग किया था। पर अल्फ्रेड अपने अमेरिकी प्रवास में यह जान चुका था कि अमेरिकी आविष्कारक रॉबर्ट फुल्टन अमेरिकी क्रांति के दौरान इस कार्य को कर चुका था। पुत्र ने उत्साही पिता को झूठा दावा करने से रोका और इस क्रम में दोनों के बीच विवाद भी हो गया। वास्तव में इमानुएल का दावा अर्द्धसत्य था और केवल उसकी समुद्री सुरंगें ही पहली सफलता थीं। भूमिगत सुरंगें तो पहले भी सफल हो चुकी थीं।

पिता-पुत्र के बीच विवाद का दौर थमा नहीं। अल्फ्रेड को इस बात की भारी चिंता थी कि उसके पिता बिना सोचे-समझे भारी कर्ज लेते जा रहे हैं। जब रूस के जार को क्रीमिया युद्ध के बाद विवश होकर संधि करनी पड़ी तो रूसी अर्थव्यवस्था चौपट हो गई। रूसी सरकार अपने पिछले आदेशों से मुकरती चली गई। बाजार में भी मंदी थी और माल बिकने की संभावना लुप्त होती जा रही थी। उधर एरिक्सन के पास से आने के बाद अल्फ्रेड अपने काम में जुट गया था। जब वह वापस आया था तो उसके पिता का कारोबार अपनी ऊँचाई पर था और नोबल कंपनी में एक हजार से अधिक लोग काम करते थे। इमानुएल को प्रतिष्ठित उद्योगपति माना जाता था और तत्कालीन व्यवस्था के अंतर्गत उन्हें चार घोड़ोंवाली बग्घी पर चलने की

अनुमति थी।

अल्फ्रेड ने इमानुएल के बिखरे काम को सँवारने और सुधारने के इतने प्रयास किए कि वह स्वयं ही बिखर गया। उसका स्वास्थ्य इतना खराब हो गया कि उसे सन् 1854 की गरमियों में स्वास्थ्य गृह में भरती करना पड़ा।

प्राकृतिक स्वास्थ्य गृह में उसे तरह-तरह के जल से स्नान कराया गया। अपने घरवालों, व्यावसायिक मित्रों व अन्य परिचितों से जबरन दूर रहने का उसे एक अनोखा अनुभव मिला। इस अनुभव की तुलना अल्फ्रेड ने इस प्रकार की मानो उसका पुराना कोट कहीं रह गया।

इधर पिता इमानुएल, जो अपने अस्तित्व के लिए संघर्ष में जुटे थे, अपने बेटे का बड़ी बेसब्री से इंतजार कर रहे थे। उन्हें सहायक की नितांत आवश्यकता थी।

पर जब तक युवा अल्फ्रेड लौटकर आया तब तक स्थिति बहुत बिगड़ चुकी थी। दिवालिया घोषित होने की स्थिति को टालना असंभव था। पिता इमानुएल माता एंड्रीयेट, छोटे भाई एमिल को लेकर वापस स्टॉकहोम चले गए थे। युवा भाइयों लुडविग, रॉबर्ट व अल्फ्रेड को अचानक बुरे दिन झेलने पड़े। जो लोग कुछ दिनों पहले आगे-पीछे होते थे, वे अब कर्ज वसूली के लिए सख्त-से-सख्त होते जा रहे थे।

पर बड़े भाई लुडविग ने थोड़ी समझदारी दिखाई और कर्जदारों को राजी करके इतना पैसा बचा लिया कि स्टॉकहोम में छोटा-मोटा कारोबार आरंभ किया जा सके। शेष नोबल औद्योगिक साम्राज्य पूरा-का-पूरा जब्त हो गया। अपने खड़े किए घरौंदे को नीलाम होते देख लुडविग के मुँह से निकल गया, 'जिस दिन आदमी के पास काम नहीं होता उस दिन उसकी कीमत एक रोटी के टुकड़े तक की नहीं होती है।'

पर फिर भी, नोबल भाइयों ने हिम्मत नहीं हारी। 'नोबल ऐंड संस' के दिवालिया होने पर उन्होंने 'द नोबल ब्रदर्स' खड़ी की। बड़े भाई लुडविग में धैर्य भी था और संगठन-क्षमता भी। उसमें सामाजिक जिम्मेदारी की भावना भी कूट-कूट कर भरी थी।

□

फिर नए सिरे से

दिवालिया होने के मात्र दो वर्षों के अंदर नोबल भाई फिर से खड़े हो गए। लुडविग ने अपनी एक चचेरी बहन मीना अहलसेल से विवाह कर लिया था। अब तक के कारोबार से उसने 5,000 रूबल बचा भी लिये थे।

कुँआरे युवक रॉबर्ट व अल्फ्रेड एक छोटे से अपार्टमेंट में रहते थे और उसके रसोईघर को अल्फ्रेड ने अपनी प्रयोगशाला बना लिया था। पहले दौर के प्रयोगों के दौरान ही अल्फ्रेड को गैसोमीटर के निर्माण पर पहला पेटेंट भी प्राप्त हो गया था। उसने बैरोमीटर व मैनोमीटर के निर्माण की नई विधि भी तैयार की थी, जिस पर दूसरा पेटेंट मिला था।

पर इन आविष्कारों की उस समय माँग नहीं थी। इस कारण उन्हें कोई आर्थिक लाभ नहीं हुआ था। पर वे लगातार सक्रिय थे और नए-नए विचारों के पीछे भागते थे। उन्होंने अपने पुराने शिक्षकों से भी संपर्क किया था। एक शिक्षक जिनिन ने उन्हें असानियो सुबरेरो के बारे में बताया था, जो पहले पेरिस में प्रो. पेलॉज का सहायक रह चुका था।

सुबरेरो उस समय एक तरल पदार्थ पर काम कर रहा था, जो एक विस्फोटक था। पायरो-ग्लिसरीन नामक उस तरल पदार्थ का बाद में नाम नाइट्रो-ग्लिसरीन पड़ा।

सुबरेरो ने अल्फ्रेड को इस तरल पदार्थ के बारे में बता तो दिया, पर सावधान भी किया कि यह एक आविष्कार अवश्य है, पर इसका उपयोग जानलेवा सिद्ध हो सकता है और इसलिए इस दिशा में प्रयास न करे।

पर अल्फ्रेड का यह रासायनिक तरल पदार्थ बहुत ज्यादा भाया। वह इससे संबंधित अनुसंधान में आगे बढ़ा। प्रो. जिनिन ने नाइट्रो-ग्लिसरीन

की एक बूँद टपकाई और फिर उसपर हथौड़ा मारा। इससे पिस्तौल चलने जैसा धमाका हुआ। विशेष बात यह भी थी कि विस्फोट केवल तरल पदार्थ में हुआ। जिस पदार्थ पर वह तरल पदार्थ डाला गया उसमें विस्फोट नहीं हुआ।

अल्फ्रेड नोबल : काम में निमग्न

अल्फ्रेड को लगा कि यह ऊर्जा का प्रचंड स्रोत है और यदि इसपर नियंत्रण पा लिया जाए तो इससे तमाम उपयोगी कार्य हो सकते हैं।

एक दिन अल्फ्रेड ने नाइट्रो-ग्लिसरीन में काला गन पाउडर मिलाया और एक सामान्य फ्यूज का उपयोग करते हुए उसमें आग लगा दी। इससे एक नियंत्रित धमाका हुआ। इस सफलता से अल्फ्रेड के भाई भी प्रभावित हुए और लुडविग तथा रॉबर्ट की उपस्थिति में अल्फ्रेड ने ऐसे अनेक धमाके सेंट पीटर्सबर्ग शहर के किनारे नेवा नहर, जो बर्फ-सी जमी रहती है, में किए।

उत्साहित अल्फ्रेड ने अपने प्रयोगों व सफलताओं का विवरण अपने पिता इमानुएल को भेजा, जो स्टॉकहोम में थे। पिता बेटे से अधिक उत्साहित हुए और उन्होंने नाइट्रो-ग्लिसरीन में काला गन पाउडर मिलाकर अनेक प्रयोग स्टॉकहोम में कर डाले। उन्होंने आनन-फानन में अपने प्रयोगों के आधार पर रूस में बड़ा कारोबार प्रारंभ करने की योजना बना डाली और अल्फ्रेड को पत्र लिख डाला।

अल्फ्रेड अपने पिता की कमजोरियों से पहले से ही परिचित था। उसने तत्काल अनुमान कर लिया कि प्रयोगों के जो परिणाम पिता ने भेजे हैं वे बढ़ा-चढ़ाकर लिखे गए हैं। उसे यह भी पता था कि बिना आर्थिक पक्ष जाने-समझे उसके पिता बड़ा व्यवसाय खड़ा कर देते हैं और बाद में कर्जदारों को झेलना पड़ता है।

पिता-पुत्र में विवाद प्रारंभ हो गया। गुस्से में पिता ने अपने ही बेटे

अल्फ्रेड के आविष्कार का श्रेय छीनने का प्रयास किया और कहा कि पहले-पहल नाइट्रो-ग्लिसरीन में काला गन पाउडर उन्होंने मिलाया था।

बेटे को भी गुस्सा आया और वह स्टॉकहोम रवाना हो गया। काफी कहा-सुनी के बाद वह वापस आया और उसने पत्र लिखकर समझाया, जिसमें मुख्य बात यह थी—

1. पिता के प्रयोग अपर्याप्त थे और लेड पाइप में संपन्न किए गए थे, जबकि अल्फ्रेड ने शीशे के पाइपों में किए थे।
2. काला गन पाउडर में नाइट्रो-ग्लिसरीन मिलाने से विस्फोट की क्षमता पिता के अनुसार साधारण गन पाउडर की तुलना में बीस गुना बढ़ती थी, जबकि अल्फ्रेड के विचारों से यह मात्र आठ गुना बढ़ती थी।
3. अल्फ्रेड का मानना था कि अब तक के प्रयोग छोटे पैमाने पर किए गए थे और बड़ा उद्योग लगाने से पूर्व बड़े पैमाने पर प्रयोग जरूरी हैं।

अल्फ्रेड ने पिता के साथ श्रेय बाँटने से स्पष्ट इनकार कर दिया और अपनी माता व छोटे भाई एमिल को गवाह बना दिया। पर उसने अपने पिता से संबंध विच्छेद नहीं किया। माता ने भी बड़ी समझदारी से बीच-बचाव किया।

नतीजा अच्छा रहा। पिता इमानुएल के पास भी ज्यादा विकल्प नहीं थे। सेंट पीटर्सबर्ग से भागकर जब वे स्टॉकहोम आए थे तो एक झील के किनारे लकड़ी के मकान में रहते थे और पास में ही अपनी प्रयोगशाला बना रखी थी। पारिवारिक शांति स्थापित होने के बाद अल्फ्रेड अपने पिता के पास पहुँचा और पिता व छोटे भाई की सहायता रो अनेक प्रयोग किए।

जल्दी ही उन्होंने अपने काम द्वारा सैन्य अधिकारियों को आकर्षित कर लिया। उन्हें आगे प्रयोग व प्रदर्शन हेतु 6,000 स्वीडिश डॉलरों की सहायता भी मिली और उन्होंने सैन्य अधिकारियों के समक्ष एक किले में प्रदर्शन किया।

उन्होंने ढलवाँ लोहे के बम में आधा काला गन पाउडर भरा और आधा नाइट्रो-ग्लिसरीन। इसके बाद जब उसे फोड़ा गया तो विस्फोट से सैन्य

अधिकारी भी डर गए, पर उन्हें यह भी लगा कि इस विस्फोटक सामग्री का युद्ध में प्रयोग खतरे से खाली नहीं है।

अति उत्साही पिता का उत्साह जल्दी ही ठंडा हो गया। सैन्य अधिकारियों ने नोबल की परियोजना पर ध्यान देना बंद कर दिया। अब अल्फ्रेड इस प्रयास में था कि नियंत्रित करने के प्रयास नए सिरे से किए जाएँ।

साथ ही, अब तक बहुत पैसा खर्च हो चुका था। आगे पैसों की व्यवस्था करने के लिए अल्फ्रेड सन् 1861 में पेरिस गया। वह उन कर्जदाताओं से मिला, जो रेल निर्माण और अन्य सार्वजनिक निर्माण में दिलचस्पी रखते थे। अल्फ्रेड ने जब अपनी योजना उनके सामने प्रस्तुत की तो वे प्रभावित हुए और कहा कि वह सस्ता पर प्रभावी विस्फोटक प्रस्तुत करे। उन्होंने अल्फ्रेड को 1 लाख फ्रेंक का ऋण स्वीकृत कर दिया। इसके साथ ही आर्थिक समस्या अस्थायी रूप से समाप्त हो गई और एक बड़ी चुनौती सामने आ गई कि नियंत्रित विस्फोट कैसे संभव हो।

□

पुराना व्यवसाय फिर से आरंभ

जैसा कि पहले ही बताया जा चुका है कि इमानुएल नोबल की कंपनी पर कर्जदारों ने कब्जा कर लिया था और इमानुएल स्टॉकहोम चले गए थे। उनके तीनों बेटे लुडविग, रॉबर्ट तथा अल्फ्रेड छोटे कारोबार व आविष्कार करके अपना गुजारा कर रहे थे।

सन् 1860 में कर्जदारों ने नोबल ऐंड संस कंपनी को एक रूसी इंजीनियर को बेच दिया जिसने उस कंपनी का नाम बदलकर गुलुव्येव सैंपसनीवस्की मेकैनिकल शॉप रख दिया।

इसी वर्ष लुडविग जिसने 5,000 रूबल बचाकर अपना अलग कारोबार प्रारंभ किया था, ने इतना कमा लिया था कि एक मशीन फैक्टरी खरीद ली थी। उस फैक्टरी में हीटिंग यूनिटें व पाइप कंड्यूट का निर्माण होने लगा।

उससे पूर्व अपने पिता की कंपनी को बचाने के अंतिम हताश प्रयासों में लुडविग नोबल ने रूसी अधिकारियों से निवेदन किया कि नौसेना मंत्रालय ने जिन आदेशों को देने के बाद खरीदने के लिए पैसा नहीं दिया उसके लिए हर्जाना दिया जाए। इस माल को बनाने के लिए इमानुएल नोबल 4,00,000 रूबल के उपकरण खरीदे थे। यही उनके दिवालिया होने का भी कारण था।

लुडविग के प्रयासों को स्वीडन के दूतावास के अधिकारियों का भी सहयोग मिला था। पर कोई लाभ नहीं हुआ। अपने पिता के कारोबार को देखकर तथा वर्तमान प्रयासों को देखकर लुडविग सावधान अवश्य रहने लगे और सावधानी से कर्ज लेते थे, कर्जदार की शर्तों पर ध्यान देते थे और उन्हें पूरा भी करते थे।

इसके अलावा पिता-पुत्रों के बीच एक अनकहा समझौता भी हो गया

था, जिसके अंतर्गत पुत्र पिता से पिछली असफलताओं पर चर्चा भी नहीं करते थे। हालाँकि उन्हें इस बात का बहुत बुरा भी लगता था कि उनके पिता का सेंट पीटर्सबर्ग छोड़कर स्टॉकहोम में रहना पड़ रहा था।

उस समय स्टॉकहोम की स्थिति आज जैसी नहीं थी। वहाँ पर हर जगह गंदगी-ही-गंदगी होती थी। सड़कों पर प्रकाश की व्यवस्था नहीं थी। कुछ ही लोग अँधेरा होने पर सड़क पर निकलने का साहस कर पाते थे। ऐसी स्थिति में भी इमानुएल लगातार संघर्ष कर रहे थे और आशा कर रहे थे कि जिस दिन उनका नाइट्रो-ग्लिसरीन सफल होगा उसी दिन वे वहाँ से निकलकर सेंट पीटर्सबर्ग या किसी बड़े शहर में पहुँच जाएँगे। जैसा कि पहले भी बताया जा चुका है, इमानुएल जल्दी-से-जल्दी परंपरागत गन पाउडर के स्थान पर नाइट्रो-ग्लिसरीन का प्रयोग करना चाहते थे; पर उसके नियंत्रण की कोई व्यवस्था नहीं थी।

यही कारण था कि नाइट्रो-ग्लिसरीन के आविष्कारक आसियानो सुबरेरो को भी इस तरल पदार्थ से कोई आशा नहीं थी। सन् 1840 के दशक में जब सुबरेरो एक परखनली में डालकर उस तरल पदार्थ के साथ प्रयोग कर रहा था तो विस्फोट हुआ था और शीशे के टुकड़े सुबरेरो के चेहरे पर लगे थे, जिसके दाग उसके जीवनकाल में मिटे नहीं।

पहले-पहल अल्फ्रेड को थोड़ी सफलता तब मिली थी जब नाइट्रो-ग्लिसरीन में काला गन पाउडर मिलाया गया था और उसमें एक फ्यूज के माध्यम से आग लगाई गई थी। इसे अल्फ्रेड ने सन् 1862 की सर्दियों के एक दिन में पानी से भरे एक गड्ढे में फेंका था। इस प्रकार इसकी पूरी शक्ति का भी उपयोग हुआ था और उपयोग सुरक्षित भी रहा था। प्रो. जिनिन का अनुमान था कि यह विस्फोटक सामान्य विस्फोटक की तुलना में पचास गुना शक्तिशाली है। हालाँकि अनेक लोगों को यह दावा अतिशयोक्तिपूर्ण लग रहा था।

□

बेटा बाप का तारणहार

अल्फ्रेड के पिता

आमतौर पर पिता पुत्र को सहारा देता है। पर इमानुएल व अल्फ्रेड के मामले में स्थिति विपरीत थी। सन् 1863 में जब अल्फ्रेड स्टॉकहोम पहुँचा तो उसके पास मात्र 1,209 रूबल थे, जो उसे रूसी अधिकारियों से प्रयोग जारी रखने के लिए मिले थे।

अल्फ्रेड ने काफी प्रयोग हेलेनबोर्ग में किए थे और उनके खर्चे के बिल उसे चुकाने थे। कई बार वह बढ़ते बिलों और घटते रूबलों से चिंतित हो जाता था; पर उसने न तो प्रयोग बंद किए और न ही परिवार के प्रति अपने दायित्वों में कमी आने दी। घर और प्रयोगशाला के बीच वह अच्छा समन्वय बनाए रखता था।

अल्फ्रेड ही नहीं, पूरा-का-पूरा परिवार ही अपने मुखिया इमानुएल के दोबारा दिवालिया होने से हमेशा के लिए खौफजदा हो चुका था। उन्हें पता था कि यदि अचानक गरीबी आ जाएगी तो प्रतिष्ठा में भारी कमी आ जाएगी।

उपर्युक्त स्थिति से बचने के लिए सबसे अधिक प्रयास अल्फ्रेड ने किए। प्रारंभ से ही अल्फ्रेड ने आगे बढ़ने के प्रयास तो किए, पर जोखिम का भी पूरा ध्यान रखा। हर काम में वह प्रारंभ से ही आगे आनेवाली आपदा का विशेष ध्यान रखता था। प्रसिद्धि की चाहत न्यूनतम थी और परिवार के प्रति जिम्मेदारी की भावना अधिकतम थी। वह गरीबी को कभी नहीं भूला।

समृद्धि आने के बाद वह जरूरतमंदों का विशेष ध्यान रखता था। प्रारंभ में जब आर्थिक स्थिति कठिन थी, तब भी अल्फ्रेड ने अपने कर्ज समय पर चुकाए। वह दूसरों से भी ऐसी ही अपेक्षा रखता था और उन लोगों को बिलकुल पसंद नहीं करता था, जो पैसा लेकर भूल जाते थे।

एक बार एक व्यापारी कठिन परिस्थितियों में आ गया। मदद माँगने पर अल्फ्रेड ने उसे 10,000 स्वीडिश क्राउन, जो उस समय 2,000 डॉलर के समतुल्य थे, दे दिए। जब वह व्यापारी संकट-मुक्त हो गया तो अल्फ्रेड का कर्ज चुकाना भूल गया। अल्फ्रेड ने उस व्यापारी को चेतावनी देकर स्वीडन की एक राहत संस्था को उसके पीछे लगा दिया। उस संस्था ने पैसा वसूला और पेरिस के जरूरतमंद कलाकारों की सहायता कर दी।

आर्थिक दृष्टि से ही नहीं, अन्य दृष्टि से भी अल्फ्रेड ने अपने पिता का मनोबल बढ़ाने का भरसक प्रयास किया। उसे पता था कि उसके पिता एक अच्छे आविष्कारक भी रहे हैं और यदि आर्थिक पक्ष छोड़ दिया जाए तो अच्छे उद्योगपति भी।

पिता की व्यथा को दूर करने के लिए अल्फ्रेड ने अथक प्रयास किया तथा उसके फलस्वरूप पिता-पुत्र को सन् 1868 में जाकर 'लेटर स्टेट पुरस्कार' मिला। यह पुरस्कार स्वीडिश विज्ञान अकादमी द्वारा कला, साहित्य, विज्ञान व मानवता के पक्ष में उपयोगी खोज या आविष्कार के लिए उस समय दिया जाता था।

स्वीडिश विज्ञान अकादमी ने उपर्युक्त पुरस्कार पिता इमानुएल नोबल का नाइट्रो-ग्लिसरीन को विस्फोटक के रूप में विकसित करने हेतु योगदान के लिए तथा अल्फ्रेड नोबल को डायनामाइट के आविष्कार के लिए दिया था। उन्हें नकद राशि या स्वर्ण पदक में से एक चुनने के लिए कहा गया था और उन्होंने स्वर्ण पदक चुना, जो कि आजीवन इमानुएल के ही पास रहा।

कालांतर में जब अल्फ्रेड की माता का भी देहांत हो गया और पारिवारिक संपत्ति बँटी तो कुछ चीजों, जिनमें वह स्वर्ण पदक भी था, को छोड़कर अल्फ्रेड ने बाकी हक छोड़ दिए थे। सचमुच अल्फ्रेड को भी अपने उस स्वर्ण पदक से गहरा लगाव था; पर उसने उसे अपने माता-पिता के पास रहने दिया, क्योंकि उससे उनके टूटे स्वाभिमान की पुनर्स्थापना हुई थी। □

नाइट्रो-ग्लिसरीन पर लगातार प्रयोग

अल्फ्रेड के दिलोदिमाग पर नाइट्रो-ग्लिसरीन छाई हुई थी। वह लगातार उसके संबंध में होने या आगे हो सकनेवाले प्रयोगों के बारे में सोचता रहता था।

एक बार सन् 1870 के दशक में अल्फ्रेड की उँगली काम करते-करते कट गई। मारे दर्द के वह सो नहीं पाया और उसने अपनी कटी उँगली पर कोलायडन लगाकर पट्टी चिपका ली थी। इसके बाद वह बिस्तर पर लेट गया। उसे नींद भी आ गई! पर मात्र एक घंटे बाद उसकी आँख दर्द के मारे खुल गई। वह पट्टी छूट चुकी थी और कोलायडन सूख चुका था।

अल्फ्रेड अपनी प्रयोगशाला में

वह फिर नीचे प्रयोगशाला में आया। उसने सोचा कि और कोलायडन लगा लेगा। सुबह के चार बजे थे। पर वह कोलायडन की रासायनिक संरचना के बारे में सोचने लगा। यह सेलुलोज नाइट्रेट को ईथर और अल्कोहल में घोलने से तैयार होता है। ईथर उड़ जाता है, जिलेटिन-युक्त सामग्री रह जाती है।

इस जिलेटिन-युक्त सामग्री में अल्फ्रेड की रुचि जग गई। वह इसमें

नाइट्रो-ग्लिसरीन की कुछ बूँदें मिलाने लगा। वह तत्काल घुल गई। वह घंटों लगा रहा और दोनों का अनुपात बदलता रहा। आखिर वह जिलेटिन-युक्त सामग्री तैयार करने में सफल हो ही गया। इस प्रकार वह विस्फोटक जिलेटिन या रबर डायनामाइट तैयार करने में सफल हो गया।

अपने अनुभव के आधार पर अल्फ्रेड नोबल का मानना था कि रासायनिक अनुपात में मामूली सा भी परिवर्तन होता है तो उनके प्रदर्शन में भारी परिवर्तन हो सकता है। उपर्युक्त प्रयोग के बाद अल्फ्रेड ने 300 प्रयोगों की एक श्रृंखला प्रारंभ की। इनकी सहायता से उसने यह सत्यापित कर दिया कि जो-जो साधन घुलाने के लिए थे उनसे वह पदार्थ तैयार किया जा सकता है, जिसमें चमड़े का टिकाऊपन होता है और प्राकृतिक रबर का लचीलापन भी होता है।

तमाम विचारों से सही निष्कर्ष

अल्फ्रेड की स्थिति भी ऐसी थी मानो वह हर समय तमाम विचार, धारणाएँ तसवीरें आदि मन में लिये घूमता था। वह उन्हें उनकी आपस में तुलना करता था। वह उनके बीच के जोड़ों को जाँचता रहता था। उसकी ज्ञानेंद्रियाँ ऐसी परिस्थितियों के अनुसार लगातार इनपुट प्राप्त करती थीं।

इन सबसे उसके मन में छवि उभरती थी। इसके आधार पर वह अपनी प्रयोगशाला में लगातार कार्य करता था। औसतन वह रोज 18 घंटे कार्य करता था। प्रारंभ से ही कमजोर रहे उसके स्वास्थ्य पर काफी जोर पड़ता था।

वह अपने सहकर्मियों को लगातार प्रेरित करता था।

अपने विषय के अलावा उसके मन में मेकैनिकल इंजीनियरिंग, ऑप्टिक्स, जीव विज्ञान तथा विद्युत् रसायन-शास्त्र के भी प्रश्न उमड़ते थे। जब थॉमस अल्वा एडिसन ने बिजली के बल्ब का आविष्कार किया तो उन्हें बधाई का पत्र भेजते हुए अल्फ्रेड ने अपने मन की बात भी उनसे कही थी।

पर ऐसा भी नहीं था कि अपने विचारों के कार्यान्वयन की धुन में वह औरों के सुख-दुःख भूल जाता था। वह अपने सहकर्मियों को शब्दों द्वारा भी प्रोत्साहित करता था और उन्हें वैज्ञानिक लेखन के अध्ययन के द्वारा इस क्षेत्र

में चल रहे विकास से अवगत होने के लिए भी कहता था।

अल्फ्रेड अकसर लगातार कई-कई दिनों तक अपनी प्रयोगशाला में काम करता था। काम में अति व्यस्त होने के कारण वह समय, स्थान, खाना, सोना सब भूल जाता था। उसके बाद भी इस प्रयोग में मैराथन के बाद थकान या कमजोरी का जिक्र नहीं करता था। उसे काम से ही इतनी खुशी मिल जाती थी कि वह जीवन के लिए पर्याप्त होती थी।

प्रयोगों के प्रारंभिक दौर में वह अकेला ही काम करता था और उस कारण उसके काम की दिशा प्रारंभ में गुप्त ही रहा करती थी। समूह में काम करने का उसका तरीका भी अनोखा था, पर आजकल उस तरीके को आजमाया जाता है। अकेले काम करने का नोबल का तरीका अंत तक वैसा ही रहा।

□

और वह भयानक दुर्घटना

अल्फ्रेड का छोटा भाई एमिल, जिसने उपासला से अपनी पढ़ाई पूरी कर ली थी, भी नाइट्रो-ग्लिसरीन पर हो रहे प्रयोगों से जुड़ गया था।

3 सितंबर, 1864 को शनिवार का दिन था और पतझड़ के शानदार मौसम का प्रारंभ था। एमिल नोबल हेलेनबोर्ग स्थित प्रयोगशाला में अपने एक साथी छात्र हट्र्जमैन के साथ विस्फोटकों के निर्माण की तैयारी कर रहा था। यह आदेश उन्हें अमेबर्ग तथा उत्तरी रेलवे से मिला था।

अल्फ्रेड नोबल के छोटे भाई एमिल की दुर्घटना में मृत्यु

अल्फ्रेड अपने छोटे भाई से बहुत ज्यादा स्नेह करता था और अपनी देखरेख में उसे कुशल प्रयोगशालाकर्मी बनाना चाहता था।

पेटेंट प्राप्त करने के बाद अल्फ्रेड नोबल ने यह साबित कर दिया था कि किस प्रकार ग्लिसरीन में गन पाउडर मिलाने से विस्फोटक क्षमता बढ़ जाती है। इसके बाद अल्फ्रेड नोबल ने कच्ची विस्फोटक सामग्री की बड़ी मात्रा एकत्रित कर ली थी।

इससे नोबल के पड़ोसी घबरा गए थे और उन्हें लग रहा था कि कमाई नोबल परिवार की होगी, पर उनके घर के बगल में एक ज्वालामुखी खड़ा होता जा रहा है। पड़ोसियों के डर का अंदाज इस बात से भी लग सकता है कि उन्होंने मकान व जायदाद के मालिक बर्मिस्टर से भी शिकायत कर दी थी।

पर इमानुएल तथा अल्फ्रेड दोनों ने सभी को अच्छी तरह आश्वस्त कर दिया कि उनके प्रयोग नुकसान नहीं करेंगे। 3 सितंबर, 1964 को बहुत सारा विस्फोटक तेल शेड में रखा था और इसकी मात्रा 250 पाउंड थी। वह इमारत, जिसमें विस्फोटक सामग्री बनाई जा रही थी, पहले घोड़ा गाड़ियों के रखने की जगह थी और उसकी बाहरी दीवार नीची थी। इमानुएल और अल्फ्रेड डेटोनेटर बनाने पर ज्यादा जोर दे रहे थे। उन्हें नाइट्रो-ग्लिसरीन की अपनी पूर्ण क्षमता का अहसास नहीं था। उधर प्रयोगकर्ता एमिल को भी यह विश्वास नहीं था कि ऐसी दुर्घटना कभी होगी भी।

पर उस नाइट्रो-ग्लिसरीन कारखाने में अनुमानों के विपरीत विस्फोट हो ही गया। प्रयोगशाला का शेड एक धमाके के साथ उड़ गया। आस-पास की इमारतें और उनके शीशे काँपते हुए नजर आए। पीली-पीली लपटें उस प्रयोगशाला से निकल रही थीं। बहुत सारा धुआँ भी उठा, पर वह जल्दी ही घट गया।

पर यदि कुल मिलाकर देखा जाए तो बाहर कुछ भी नहीं हुआ था। बगल के मकानों के तो शीशे ही टूटे थे, पर अंदर का बुरा हाल था। जो लोग कारखाने के अंदर कार्य कर रहे थे उनके शव क्षत-विक्षत अवस्था में पड़े थे। उनके कपड़े तार-तार हो चुके थे और उनके शरीर की हड्डियों से मांस अलग हो चुका था। उनके सिर धड़ से अलग थे। बचा हुआ मांस व हड्डियाँ मानव की है, यह सुनिश्चित करना भी कठिन हो चुका था। बगल के मकान में एक महिला स्टोव पर खाना बना रही थी। विस्फोट के तत्काल बाद वह जिंदा तो बच गई थी, पर उसका शरीर खून से सने मांस के एक लोथड़े जैसा ही था।

उपर्युक्त दुर्घटना के समय इमानुएल नोबल कारखाने में नहीं था। मरने वालों में से एक उनका बेटा था एमिल। एक अन्य बेटे को गंभीर चोटें आई थीं।

अधिकारियों को आशंका थी कि जल्दी ही दूसरा विस्फोट भी होगा, क्योंकि उन्हें लग रहा था कि कहीं कोई चिनगारी किसी विस्फोटक सामग्री के नीचे अवश्य ही दबी पड़ी होगी।

बाद में पहचान के बाद ये नाम सामने आए—

1. हट्र्जमैन
2. हरमैन नॉर्ड
3. मारिया नॉर्डविस्ट
4. एमिल नोबल।

बाद में बीभत्स विस्फोट का कारण भी ज्ञात हुआ। एमिल नोबल व हट्र्जमैन ग्लिसरीन तरल पदार्थ को और अधिक शक्तिशाली विस्फोटक बनाने के लिए प्रयोग की तैयारी कर रहे थे। इसमें असावधानी हो गई और इससे विस्फोट हो गया। यह विस्फोट दूसरे खुले कंटेनरों तक पहुँच गया, जिनमें नाइट्रो-ग्लिसरीन रखा था।

नाइट्रो-ग्लिसरीन स्वयं ज्वलनशील नहीं होता है। यह तब ज्वलनशील होता है जब 180 डिग्री सेल्सियस या उससे अधिक तापमान तक गरम हो जाता है। ऐसा विस्फोट या जल उठना तब भी होता है जब इसकी सतह पर कोई विस्फोट होता है।

कुल मिलाकर प्रयोगशाला में मौजूद कुछ लोगों की स्थिति इस प्रकार बनी—

1. एमिल नोबल व हट्र्जमैन का तत्काल देहांत हो गया।
2. युवा नॉर्ड तथा उन्नीस वर्षीय नौकरानी मारिया नॉर्डविस्ट की भी जल्दी ही मृत्यु हो गई।
3. नायमैन नामक बढ़ई, जो कारखाने के पास से गुजर रहा था, को गंभीर चोटें आईं और वह थोड़ी देर बाद मर गया।
4. इंजीनियर बलम तथा अल्फ्रेड नोबल उस विस्फोट के धमाके से दूर जा गिरे और उन्हें गंभीर चोटें आईं। ये चोटें मुख्यतया सिर्फ चेहरे में थीं और इसका कारण लकड़ी व काँच के टुकड़े थे।

इस विस्फोट का अल्फ्रेड के दिलोदिमाग पर ऐसा असर पड़ा कि वे इस घटना के बारे में बरसों तक चुप-से ही रहे।

केवल जुलाई 1864 में जमा किए गए गोपनीय दस्तावेज में अल्फ्रेड ने लिखा कि यदि गन पाउडर को तेजी से नाइट्रो-ग्लिसरीन तक पहुँचाया जाए और ताप पहुँचने की गति विस्फोट हेतु पर्याप्त हो तो विकसित गैसों का दबाव अधिक हो जाता है और इससे नाइट्रो-ग्लिसरीन का तापमान इतना

बढ़ जाता है कि अपने आप ही विस्फोट हो जाता है।

हौसला ज्यों-का-त्यों

इतनी भयानक दुर्घटना के बाद अल्फ्रेड का आत्मविश्वास ज्यों-का-त्यों बना रहा। इमानुएल नोबल ने भी अल्फ्रेड की भूरि-भूरि प्रशंसा की। पुलिस की गहन जाँच दो दिनों तक चलती रही, जिसमें लिखित रिपोर्ट भी प्रस्तुत की गई।

जायदाद का मालिक बर्मिस्टर भी जाँच के घेरे में आ चुका था। उससे भी पूछा जा रहा था कि उसने नोबल परिवार को ऐसे खतरनाक प्रयोग करने की अनुमति कैसे दे दी। बर्मिस्टर का कहना था कि उसने इमारत व जमीन अन्य कार्यों के लिए दी थी। बाद में वे इस पर बड़े पैमाने पर प्रयोग भी करने लगे। वे भरोसा भी दिलाते रहे कि ये प्रयोग खतरनाक नहीं हैं।

मजे की बात यह भी थी कि जिन इमारतों को क्षति पहुँची थी, उनका बीमा था।

□

नाइट्रो-ग्लिसरीन को तैयार करने की विधि

नाइट्रो-ग्लिसरीन को तैयार करने के लिए दो विधियाँ हैं। ये हैं—

1. गरम विधि,
2. ठंडी विधि।

गरम विधि—इसमें तापमान को बढ़ाकर 60 डिग्री तक लाया जाता है। यह अधिकतम तापमान होता है और इसमें कोई खतरा नहीं होता है। इस विधि को सैकड़ों बार आजमाया जा चुका है।

ठंडी विधि—इसमें जमे हुए मिश्रण की सहायता से गलनांक को ऊपर नहीं जाने दिया जाता है। इस कारण इसमें भी कोई खतरा नहीं होता है।

खतरे की स्थिति तभी उत्पन्न होती है जब तापमान 180 डिग्री सेल्सियस तक पहुँचता है और इसे एक मजबूत पात्र में रखा जाता है। इस स्थिति में यह चट्टानों को भी चूर-चूर कर देता है। अब अल्फ्रेड नोबल इस प्रयास में जुट गए कि भविष्य में जब नाइट्रो-ग्लिसरीन का निर्माण हो तो विस्फोट न हो।

उधर इमानुएल नोबल उस दुर्घटना के शिकार तो नहीं हुए थे, पर उन्हें अवश्य ही मानसिक आघात लगा था। अगले ही माह वे स्ट्रोक के शिकार हो गए और उनका चलना-फिरना बाधित हो गया। हालाँकि उनकी स्थिति थोड़ी सँभली भी और वे आठ वर्ष तक जिए, पर अब वे एक छाया की ही भाँति रह गए। इस घटना के कई महीनों बाद उन्होंने पेंसिल से बड़ी मुश्किल से अप्रैल 1865 में एक पत्र लिखा, जिसे सँभालकर रखा गया। इससे स्पष्ट होता है कि उनके दाएँ हाथ में मामूली गतिशीलता आई थी।

अल्फ्रेड के माता-पिता अल्फ्रेड से ही अपनी आवश्यकताओं की चर्चा करते थे। लकवा मारने के बाद जब इमानुएल को नहाने में कठिनाई

होने लगी तो नहाने की व्यवस्था के लिए उन्होंने अल्फ्रेड को पत्र लिखा। उस समय अल्फ्रेड की आर्थिक स्थिति कमजोर थी, पर फिर भी उसने पैसे भेजे।

कृतज्ञ माता एंड्रीयट ने आभार व्यक्त करते हुए कहा कि ईश्वर के बाद मेरा बेटा अल्फ्रेड ही है जिसका मैं आभार व्यक्त करती हूँ। साथ ही, आशा व्यक्त की कि इमानुएल धीरे-धीरे चलने लगेंगे।

पर इमानुएल नक्शे आदि तैयार करने का कार्य करते रहे। उनकी आंतरिक ऊर्जा ज्यों-की-त्यों थी। अब वे अन्य विषयों पर भी चिंतन और चर्चा करने लगे थे। उस समय लोग रोजगार न मिल पाने के कारण एक जगह से दूसरी जगह पलायन कर जाते थे। इमानुएल ने उस पर भी चिंतन किया और एक पुस्तिका लिखी। उन्होंने अनेक लोगों से चर्चा भी की।

लकड़ी के कारोबार से उन्हें अनेक आशाएँ थीं। उन्हें लगता था कि उपयुक्त लकड़ी के चयन और इससे चीजों का निर्माण करके हम बहुत सारी चीजें बना सकते हैं और इस काम में हजारों लोग लगाए जा सकते हैं। उस समय स्कैंडिनेवियन देशों में मौसमी बेरोजगारी बहुत ज्यादा थी और सर्दी के मौसम में काम के अभाव में लोगों को भूखों मरना पड़ता था।

लकड़ी से क्या-क्या तैयार किया जा सकता है, इमानुएल नोबल ने इसकी पूरी सूची तैयार कर रखी थी। उनके अनुसार छोटे-बड़े जहाजों के अलावा लकड़ी का भवन-निर्माण में प्रयोग उन इलाकों में उपयोगी सिद्ध होगा, जो भूकंप से प्रभावित रहते हैं।

लकवे का शिकार होने के पश्चात् इमानुएल ने जो चिंतन किया और योजनाएँ बनाईं वे मात्र खयाली पुलाव नहीं थीं। बाद के काल में उनपर अमल भी हुआ। उन्होंने काफीन (जिसमें शव रखा जाता है) की डिजाइन में भी ठोस परिवर्तन किया।

वास्तव में इमानुएल एक स्वप्नद्रष्टा थे। वे अनुसंधान में अधिक ध्यान देते थे और आर्थिक परिणामों की चिंता लगभग नहीं के बराबर करते थे। इसी कारण वे अकसर आर्थिक कठिनाइयों में पड़ते रहे। जीवन में उन्हें औपचारिक प्रशिक्षण भी नहीं मिला था। इस कारण वे यह नहीं जान पाते थे कि उन्होंने कहाँ से प्रारंभ किया था और अभी वे कहाँ तक पहुँचे हैं।

□

नाइट्रो-ग्लिसरीन कारोबार का विस्तार

नोबल की प्रयोगशाला में हुए भीषण विस्फोट की याद स्टॉकहोम के लोगों के दिलोदिमाग पर लंबे समय तक छाई रही। लोग इसे नोबल विस्फोट के रूप में याद करते रहे।

इस दुर्घटना के बाद लंबी पुलिस जाँच हुई। पिता इमानुएल लकवे के शिकार हो गए। आस-पास की जनता आक्रोश में भरी रही। मलबा साफ होने के बाद जब अल्फ्रेड ने दोबारा काम आरंभ करने का मन बनाया तो अनेक लोगों ने अनेक प्रकार की सलाह दी थी।

उनमें से सबसे महत्त्वपूर्ण सलाह थी अल्फ्रेड के अपने बड़े भाई रॉबर्ट की जिसमें उसने लिखा कि उसे इस नाइंट्रो-ग्लिसरीन के आविष्कार से रत्ती भर भी उम्मीद नहीं है। फिनलैंड से लिखे पत्र में रॉबर्ट ने स्पष्ट लिखा कि उसी आविष्कार से क्या, किसी भी आविष्कार के आधार पर व्यवसाय करना खतरे से खाली नहीं होता है। ये सभी बरबादी लाते हैं। अल्फ्रेड को ललकारते हुए उसने कहा कि तुम्हारे पास तो इतना ज्ञान है, ऐसे अद्‍भुत गुण हैं कि तुम जल्दी ही नया क्षेत्र तलाश सकते हो।

पर अल्फ्रेड ने अपने भाई की सलाह को मानने के बजाय उसे मनवा लिया कि वह फिनलैंड में भी नाइट्रो-ग्लिसरीन का पेटेंट दाखिल करे। इसके साथ ही हेलसिंकी के पास नाइट्रो-ग्लिसरीन का एक छोटा कारखाना प्रारंभ हुआ।

कार्य नीति के अनुसार, स्थानीय जनता को अवगत कराने के लिए एक विज्ञापन भी प्रकाशित कराया गया। हालाँकि स्टॉकहोम में आम जनता विरोध कर रही थी, पर रेल रोड निर्माता उसके प्रयोग के लिए आगे आए।

आम लोगों व वास्तविक उपयोगकर्ताओं के बीच कशमकश चलती रही। लोग यह सोचते रहे कि नोबल भाई फिर से तबाह हो जाएँगे। उधर अल्फ्रेड अपनी कंपनी की आगे की योजना तैयार करते रहे। उन्हें प्रारंभिक पूँजी भी जुटानी थी, जो कि उस समय के वातावरण को देखते हुए एक कठिन कार्य था।

अल्फ्रेड की नाइट्रो-ग्लिसरीन फैक्टरी

पर एक निवेशक मिल ही गया। उसके पास नाइट्रो-ग्लिसरीन की जानकारी भी थी और इसके प्रयोग की देखरेख का प्रत्यक्ष अनुभव भी था। स्मिट्र नामक इस व्यापारी ने दक्षिण अमेरिका में बहुत सारा धन कमाया था।

अब अल्फ्रेड नोबल ने दो निवेशकों के साथ मिलकर कंपनी की स्थापना की। पर प्रारंभ से ही कठिनाइयाँ आने लगीं। पिता इमानुएल नोबल ने हठ प्रारंभ किया कि वे इस कंपनी के पहले प्रबंध निदेशक बनेंगे।

इस हठ से लुडविग और रॉबर्ट दोनों हिल गए। उन्होंने लकवाग्रस्त इमानुएल से निवेदन किया कि वे अपनी शेष बची ऊर्जा को लेखन, बोलने आदि में लगाएँ। पर इमानुएल कहाँ मानने वाले थे। उन्हें यह भी डर था कि यदि अल्फ्रेड भी अपनी जिद पर आ गया तो बनती कंपनी बनने से पहले बंद हो जाएगी। उन्हें अपनी माता पर भी तरस आ रहा था, जो कि बीच-बचाव के समय पिता से तमाम ताने-उलाहने सहन करेगी।

पर अंततः समझौता हो ही गया। इमानुएल को निदेशक मंडल में दूसरा स्थान दिया गया। अल्फ्रेड ने कार्यकारी निदेशक का पद छोड़ा और कार्ल वेनेस्ट्रॉम को वह पद दिया गया।

कंपनी गठित होने के बाद अगली महत्त्वपूर्ण समस्या थी कि नाइट्रो-ग्लिसरीन का विनिर्माण व भंडारण आवासीय इलाकों में प्रतिबंधित था। अल्फ्रेड ने इसका उपाय ढूँढ़ निकाला और एक बंद जहाज में इसका निर्माण

प्रारंभ किया।

प्रारंभिक पूँजी के नाम पर अल्फ्रेड के पास मात्र 25,000 क्राउन ही थे और इस कारण वे ज्यादातर कार्य स्वयं ही कर रहे थे। वे प्रबंध निदेशक, उत्पादन प्रमुख, वित्त प्रबंधक तथा प्रचार निदेशक सभी का दायित्व निभाते थे। वे भावी खरीदारों को अपने विज्ञापन की प्रतियाँ भिजवाते थे और उन्हें अपने उत्पाद के उपयोग के बारे में जानकारियाँ भी भेजते थे।

अपने काम के सिलसिले में वे पत्थर तोड़नेवालों के पास तथा खानों में भी जाया करते थे। वहाँ जाकर वे बताते थे कि परंपरागत तरीकों की तुलना में उनका विस्फोटक कितना लाभदायक है। इससे विस्फोट तेजी से होता जाता है और मजदूरों की जरूरत कम पड़ती है।

धीरे-धीरे परिस्थितियाँ सुधरती गईं। अल्फ्रेड का एक बचपन का मित्र उसके साथ जुड़ गया। वह इंजीनियर था। एक साझेदार कार्ल ने अवकाश ग्रहण कर लिया। प्रारंभ में थोड़े-बहुत घपले-घोटाले भी हुए। अंततः बड़े भाई रॉबर्ट नोबल ने प्रबंध निदेशक का कार्यभार सँभाल लिया।

21 जनवरी, 1865 को अल्फ्रेड नोबल को प्रशासन से अनुमति मिल गई और उन्होंने स्टॉकहोम के पास अपना कारखाना लगा लिया। वहाँ पर उत्पादन बढ़ता गया और जल्द ही वह टनों में जा पहुँचा।

अल्फ्रेड अब वहाँ पर रात-रात भर काम करते थे। उनकी प्रयोगशाला चमकती रहती थी।

□

संघर्ष अनेक मोरचों पर

अल्फ्रेड नोबल के आविष्कार के सफल प्रयोग से एक प्रकार की क्रांति का सूत्रपात हुआ था। पर जैसा कि होता है, क्रांति के सूत्रधार को लगातार, लंबे समय के लिए अनेक मोरचों पर संघर्ष करना पड़ता है। अल्फ्रेड को भी कम-से-कम दो मोरचों पर सतत संघर्ष करना पड़ रहा था। एक मोरचा था नौकरशाही का जो स्थिति में बदलाव के सख्त खिलाफ था। दूसरा मोरचा था मीडिया का, जो उसे हत्यारा मानती थी। अल्फ्रेड के कुछ लोकप्रिय नाम इस प्रकार थे—

1. मनुष्य के रूप में शैतान
2. मौत का घूमता सेल्समैन
3. नर संहारक।

अल्फ्रेड को जनमत के मूल्य का आभास था। वे लगातार जनता के विचार को बदलने का प्रयास करते रहते थे। वे खानों में जा-जाकर व्याख्यान देते थे। वे अखबारों में लेखों द्वारा स्पष्टीकरण देते थे। पर साथ ही वे यह भी ईमानदारी से बता देते थे कि जब विस्फोटक बनाए जाते हैं तो उनमें जानें भी जा सकती हैं।

सन् 1860 के दशक की समाप्ति तक स्वीडन, जर्मनी, नॉर्वे, फिनलैंड तथा ऑस्ट्रेलिया में नोबल के कारखाने खुल गए। बीच-बीच में उनके खिलाफ मुकदमे भी दायर होते रहे। उन झंझटों से वे लगातार जूझते रहे और बीच-बीच में मन की शांति के लिए वे या तो गायब हो जाते थे या बिना किसी को सूचना दिए दूसरे देश में स्थित कारखाने की यात्रा पर अकेले निकल जाते थे। उनके बारे में जानकारी तभी मिल पाती थी जब वे किसी

चोटी के पेटेंट वकील से मशवरा करने के लिए किसी होटल में पहुँचते थे।

न्यूयार्क की दूसरी यात्रा

अल्फ्रेड नोबल का यात्रा-बैग

15 अप्रैल, 1866 को जब अल्फ्रेड नोबल दोबारा न्यूयार्क पहुँचे तो इस बार वे एक नए ही रूप में थे। उनके परिचितों की एक लंबी फेहरिस्त थी और वे पूरे विश्व को अपना बाजार बनाने के लिए तैयार थे।

उधर अमेरिका गृहयुद्ध की समाप्ति के बाद अपना नया रूप लेने के लिए तैयार था। देश में पूँजीवाद जोर पकड़ रहा था। नए निर्माणों व परियोजनाओं की खबरें जोर पकड़ रही थीं।

पर अल्फ्रेड के साथ समस्याएँ भी आई थीं। तमाम व्याख्यानों और प्रचार सामग्री के बावजूद अमेरिकी यह मान रहे थे कि नाइट्रो-ग्लिसरीन को लाना व ले जाना एक भारी जोखिम भरा काम है। उन्हीं दिनों हथियारों व विस्फोटक सामग्री से भरा एक जहाज विस्फोट का शिकार हो गया था और उसमें 47 लोग मारे गए थे।

पर मजे की बात यह भी थी कि अमेरिकी जनता अल्फ्रेड नोबल को देखना चाहती थी। उधर अल्फ्रेड अपने विस्फोटक को जनता के सामने सुरक्षित रूप में प्रदर्शित करके लोगों को आश्वस्त कर देना चाहते थे। इस संबंध में उन्होंने पत्रकारों को भी खुलकर लिखा।

जब वे वाशिंगटन पहुँचे तो वहाँ पर एक सरकारी अधिकारी उनसे मिले, जिन्हें नाइट्रो-ग्लिसरीन की पृष्ठभूमि के बारे में जानकारियाँ जुटाने के लिए कहा गया था। अल्फ्रेड ने हर प्रकार से अपनी बात कही। पर कोई असर नहीं हुआ और अमेरिकी कांग्रेस ने उस विस्फोटक पर प्रतिबंध लगाने

का प्रस्ताव पारित कर दिया। उधर अमेरिकी मीडिया अल्फ्रेड को भय और मौत का कारोबारी मान रही थी।

जब अल्फ्रेड अमेरिका से लौटे तो दुःखी हो चुके थे। उनके अनुसार, अमेरिका का जीवन आनंददायक नहीं था। लोग पैसा जमा करने के पीछे पागल हो रहे थे और जीवन का वास्तविक सुख खोते जा रहे थे। वहाँ के अधिकारियों से मिलकर भी अल्फ्रेड को ऐसा लग रहा था कि वे बहुत ज्यादा भ्रष्ट हैं।

पर साथ ही वे यह भी मान रहे थे कि उनके उत्पाद में भी अभी कमी है। उन्होंने अपने बचपन के साथी लीडबैक के साथ मिलकर प्रयोगों का नया सिलसिला प्रारंभ किया। वे चाहते थे कि उनके विस्फोटक को लाने व ले जाने में कोई खतरा न रह जाए।

19 सितंबर, 1866 को अल्फ्रेड नोबल ने अपने नए विस्फोटक डायनामाइट के लिए पेटेंट आवेदन दाखिल किया। उसमें सामान्य नाइ ग्लिसरीन के साथ रंध्रयुक्त सिलिकेट का उपयोग किया गया था। नया नाम डायनामाइट था। पर नोबल ने इसका नया नाम 'सुरक्षा पाउडर' रखा था।

'डायनामाइट' शब्द पुराने ग्रीक शब्द 'डायनामिस' से बना था और इसका अर्थ था 'शक्ति'। नोबल ने नाम चुनने में जो सावधानी बरती थी, उसका प्रयोग बाद में विद्युत् शक्ति का विकास करनेवालों ने भी किया और विद्युत् जनरेटर का नाम 'डायनेमो' भी इसी आधार पर पड़ा था।

उस समय डायनामाइट लाल-पीले रंग का नरम व प्लास्टिक पदार्थ होता था। उसे दबा-दबाकर अनेक मोटाइयोंवाले कारतूसों के रूप में तैयार किया जाता था। बाद में उसे कागज में लपेटा जाता था।

अल्फ्रेड अपने आविष्कारों से इस कदर जुड़े हुए थे कि जल्द ही उन्हें 'डायनामाइट किंग' के नाम से जाना जाने लगा।

□

दुरुपयोग प्रारंभ

हालाँकि अल्फ्रेड का उद्देश्य डायनामाइट के शांतिपूर्ण प्रयोग का ही था। आमतौर पर अच्छे आविष्कारों का पहले दुरुपयोग प्रारंभ हो जाता है और बाद में सदुपयोग विकसित होते हैं।

शीघ्र ही यह रूस के क्रांतिकारियों के हाथ लग गया और उन्होंने इसका प्रयोग प्रारंभ कर दिया। परंपरागत गन पाउडर की तुलना में इसका प्रयोग आसान था।

अल्फ्रेड की विशाल प्रयोगशाला

पर इन सबसे अप्रभावित अल्फ्रेड अपनी लंबी अनुसंधान व विकास यात्रा पर चले जा रहे थे। अकसर वे अपने पुराने दिन याद करते थे, जब उनके पिता ने उन्हें रसायन-शास्त्र के अध्ययन के लिए प्रो. पेलॉज के पास पेरिस भेजा था। प्रो. पेलॉज की निजी प्रयोगशाला में उन्होंने असानियो सुबरेरो के साथ सन् 1846 से काम किया था।

वास्तव में ये सुबरेरो ही थे जिन्होंने नाइट्रिक अम्ल व सल्फ्यूरिक अम्ल को मिलाकर एक तेल तैयार किया था, जिसमें विस्फोटक गुण थे। यह जानकारी उन्हें प्रो. जिनिन के माध्यम से मिली थी। सुबरेरो ने उसका नाम पायरो-ग्लिसरीन रखा था, पर अपने अनुसंधान को बेकार मान लिया था।

उधर अल्फ्रेड ने जब अपने कारोबार को आगे बढ़ाया तो सुबरेरो को अपने अधिकार याद आए। अब तक अल्फ्रेड ने हमेशा ही सुबरेरो का नाम आदर सहित लिया था, पर जब सुबरेरो ने सन् 1865 में अपना एक शोध-पत्र फ्रेंच अकादमी के सम्मुख पढ़ा तो उसमें अल्फ्रेड के प्रति अपनी कड़वाहट उड़ेल दी।

इटली में जनमे सुबरेरो की इच्छा डॉक्टर बनने की थी। पर चिकित्सा विज्ञान की उनकी थीसिस जब अस्वीकृत हो गई तो वे रसायन-शास्त्र के अध्ययन में जुट गए। पेरिस आकर उन्होंने प्रो. पेलॉज के निर्देशन में अध्ययन किया।

जब उन्होंने पहले-पहल नाइट्रो-ग्लिसरीन बनाया था तो उसे चखा भी था और उन्हें वह मीठा-सा लगा था। उसके तमाम गुणों का उन्होंने अध्ययन भी किया था। पर जब एक परखनली में उसकी बूँद में विस्फोट हो गया और सुबरेरो का चेहरा उससे विकृत हो गया तब उन्होंने उसे त्याग दिया था।

पर अब उन्हें लग रहा था कि उनके उत्पाद ने उस नोबल परिवार की किस्मत बदल दी थी, जो रूस में कारोबार उजड़ने के बाद कंगाल हो गया था। आखिर इस पर उनका भी हक था।

चतुर नोबल को सुबरेरो की भावनाओं को समझने में देर नहीं लगी। उन्होंने सुबरेरो को न केवल समझाया-बुझाया वरन् अनेक प्रकार से मान भी दिया।

कालांतर में सन् 1879 में अपने इटली स्थित कारखाने की वार्षिक बैठक में नोबल ने सुबरेरो की संगमरमर से बनी प्रतिमा का अनावरण किया और उन कुछ नाइट्रो-ग्लिसरीन की बूँदों को सुरक्षित सजाया, जिन्हें सुबरेरो ने सन् 1847 में तैयार किया था।

लोगों ने भी इस बात को अधिक तूल नहीं दिया, क्योंकि सभी जानते थे कि सुबरेरो ने नाइट्रो-ग्लिसरीन विकसित अवश्य किया था, पर उसका व्यावहारिक प्रयोग तो अल्फ्रेड ही कर पाए थे, जो ज्यादा बड़ी चीज थी।

□

बहुराष्ट्रीय नोबल

सन् 1866 से 1872 तक की अवधि अल्फ्रेड के लिए प्रगति का समय था। इस अवधि में अल्फ्रेड के ग्राहकों की संख्या रोज निरंतर बढ़ती रही और वे आर्थिक रूप से स्वतंत्र भी होते गए।

पेरिस में नोबल का भव्य मकान

तत्कालीन कानूनों के अनुसार उन्हें विस्फोटक का कारखाना उसी देश में लगाना होता था, जहाँ पर उसका उपयोग होता था। कड़े सुरक्षा नियमों, देखरेख की आवश्यकता के कारण वे लगातार रेलगाड़ी द्वारा उन देशों में जाते रहे। इन रेलगाड़ी के डिब्बों को वे 'रोलिंग प्रिजन' अर्थात् चल कैदखाना कहा करते थे।

इन यात्राओं में वे लगातार व्यस्त रहते थे। इस दौरान खिड़की से वे जब नए-नए दृश्य देखते थे तो उन्हें नवीनतम ऊर्जा मिलती थी। यह प्रक्रिया एक किस्म का उपचार (थैरेपी) करती थी। उनकी इस दौरान की असफलताएँ व उनके कारण तनाव उसके कारण उड़न-छू हो जाया करता था।

उस काल में ब्रिटिश साम्राज्य अपने चरम पर था। अल्फ्रेड की

हार्दिक इच्छा थी कि इस साम्राज्य में प्रवेश करके सारी दुनिया पर कब्जा किया जाए। इसके लिए उन्होंने एक वित्तीय निवेशक भी तलाश लिया था। अपने लिए कारखाना स्थापित करने हेतु वे अपने ब्रीफकेस में लगभग दस किलो डायनामाइट लिये ग्लासगो, एबरडीन, ब्रिस्टल आदि शहरों में घूमते रहे।

मकान का भव्य विंटर गार्डन

विशेष बात यह थी कि अल्फ्रेड एक अच्छे कानून-पालक थे, पर तत्कालीन कानूनों को उन्हें तोड़ना पड़ा था, ताकि उनका कारखाना इंग्लैंड में लग जाए। यदि पुलिस उनके ब्रीफकेस की तलाशी ले लेती तो उन्हें तत्काल दो वर्ष की कड़ी कैद हो जाती।

वे एक कुशल व्यवसायी व विक्रेता बन गए थे। अपना हित वे कड़ाई से सुरक्षित कर लेते थे। सन् 1870 के दशक के प्रारंभ में यूरोप के हर देश में उनका कारखाना स्थापित हो चुका था। उनकी यात्रा करने की क्षमता भी बढ़ रही थी और हर जगह एक जैसी रफ्तार व कुशलता से वे काम भी कर रहे थे।

उनका कहना था कि 'मेरा वही देश है जहाँ पर मैं काम करता हूँ। मैं हर जगह कार्य करता हूँ।' पर इसका अर्थ यह नहीं था कि उन्हें अपने मूल देश स्वीडन से प्यार नहीं था। स्वीडन, जहाँ पर उनकी माता रहती थीं, से वे असीम प्यार करते थे। उन्होंने स्वीडन की नागरिकता को कभी नहीं त्यागा। पर जहाँ तक काम का प्रश्न था, उन्हें स्टॉकहोम की तुलना में पेरिस अधिक भाता था। उस समय पेरिस अपने शबाब पर था। चालीस वर्षीय अल्फ्रेड के दिलोदिमाग पर पेरिस एक सत्रह वर्ष की युवती की भाँति छाया हुआ था। उस समय पेरिस बड़ी-बड़ी घटनाओं का केंद्र था।

सेंट पीटर्सबर्ग में रहते हुए अल्फ्रेड ने अनेक भाषाएँ सीख ली थीं। वे धारा-प्रवाह फ्रेंच बोल लेते थे। वे फ्रेंच साहित्य के भी प्रशंसक थे। विक्टर ह्यूगो से उनकी गहरी मित्रता थी।

पेरिस के प्रति अल्फ्रेड का अनुराग किस कदर बढ़ रहा था, यह इस बात से स्पष्ट है कि अब उनके पत्रों में स्वीडिश शब्दों के साथ-साथ फ्रेंच शब्द भी आने लगे थे। वे फ्रेंच इस तरह बोलते थे मानो फ्रांस के मूल निवासी हों।

पेरिस में बसने का निर्णय लेने के बाद उन्होंने अपने लिए उपयुक्त मकान तलाशना आरंभ कर दिया। वे चाहते थे कि विभिन्न यात्राओं के बीच जो समय मिले, उसे पेरिस स्थित उस मकान में उपयोगी तरीके से बिताएँ। उनका अब तक का सारा जीवन प्रयोगशालाओं में काम करते और दफ्तरों की धूल फाँकते बीता था।

आखिर पेरिस में उन्हें एक आलीशान मकान मिल ही गया। यह मकान हरे-भरे इलाके में था और अल्फ्रेड के अब तक के मकानों जैसे स्टॉकहोम, सेंट पीटर्सबर्ग स्थित मकानों की तुलना में काफी बड़ा, सुंदर व भव्य था।

पर अल्फ्रेड को यहाँ केवल रहना नहीं था। उन्होंने अपने मकान में ही एक छोटी पर पूर्ण सुसज्जित प्रयोगशाला बना ली थी। घर के बाएँ भाग में एक पुस्तकालय भी बनाया।

मकान इतना भव्य था कि इच्छा होती थी कि उसमें रहा जाए। एक भाग में शीशे की दीवारें थीं और शीशे की ही छत थी। सर्दियों में यह भाग ग्रीन हाउस का काम करता था और इसमें रहने का अलग ही आनंद था। साज-सज्जा में भव्य फूलों व आकर्षक परदों आदि का प्रयोग किया गया था।

आनेवाला एक बार को तो चौंक जाता था और मान बैठता था कि यह होटल है; पर तभी ड्राइंगरूम का फर्नीचर और पियानो यह रहस्य खोल देते थे कि यह घर है होटल नहीं। अच्छी-अच्छी पेंटिंगें लगी थीं। जगह-जगह अनेक प्रकार के पौधे लगे थे और तरह-तरह के घोड़े भी बँधे थे। विशेष घोड़े रूस से मँगाने के लिए कई हजार रूबल भी खर्च किए गए थे। उस समय अमीर लोग छोटी-छोटी दूरी भी बग्घी पर तय करते थे। पर इतने आलीशान मकान होने के बावजूद अल्फ्रेड का ज्यादातर समय उसमें स्थित

प्रयोगशाला में ही बीतता था। बाद में उन्होंने प्रयोगशाला हेतु एक और जायदाद खरीदी थी। वे अकसर प्रातः रेलगाड़ी से रवाना हो जाते थे और काम के स्थान पर ही रात बिताया करते थे।

उनके रूसी नौकर उनकी निजी जरूरतों की देखरेख किया करते थे। जब वे लौटकर आते थे तो उनकी डाक भरी हुई मिलती थी। इनमें से अनेक पत्र ऐसे होते थे जिनमें उपहारों या दान की फरमाइशें होती थीं।

औसतन रोजाना लोग उनसे पत्र द्वारा 20 हजार क्राउन, जो उस समय 4,000 डॉलर के समतुल्य होता था, माँगते थे। इस प्रकार साल में 70 लाख क्राउन माँगे जाते थे। अल्फ्रेड ने अपनी छवि एक कंजूस आदमी की बना रखी थी, अन्यथा माँग पूरा करना कठिन क्या असंभव हो जाता।

पर वास्तव में अल्फ्रेड कंजूस नहीं थे। जब उनके यहाँ काम करनेवाली आया का विवाह हुआ तो अल्फ्रेड ने पूछा कि वह क्या उपहार लेना चाहेगी। आया ने तपाक से कह दिया कि आपके एक दिन की आय। अल्फ्रेड ने तत्काल चेक काट कर दे दिया। राशि थी 40,000 फ्रांक, जिसकी कीमत आज 1 लाख डॉलर से कहीं ज्यादा है।

हालाँकि अल्फ्रेड ने स्पष्ट निर्देश दे रखा था कि घर के अंदर किसी को न आने दिया जाए, पर फिर भी लोग आ ही जाते थे और जरूरतमंद लोग भरपूर मदद ले जाते थे। सहायता पानेवाले में परिश्रमी युवक ज्यादा होते थे, जिनकी सहायता करते समय अल्फ्रेड को अपनी युवावस्था याद आ जाती थी।

अल्फ्रेड रोजाना अपनी डाक खोलते थे और उत्तर भी देते थे। वे रोजाना विश्व स्तर के अखबार देखते थे। कम समय के बावजूद वे अखबार पढ़कर सामाजिक विषयों, चाहे थिएटर की सफलता हो या। कोई राजनीतिक घपला, उसके बारे में पत्रकारों की राय भाँप लेते थे।

अल्फ्रेड के घर बड़े-बड़े लोग, जाने-माने उद्योगपति, वित्तीय निवेशक आते रहते थे। पर साथ ही स्वीडन या रूस से आनेवाले रिश्तेदारों की भी वैसी ही आवभगत होती थी। कभी प्रयोगशाला में काम तो कभी मंत्रणा कक्ष में बैठक चलती ही रहती थी।

□

व्यक्तिगत जीवन

अल्फ्रेड का व्यक्तिगत जीवन अति सादगीपूर्ण था। वे अकसर सादा भोजन ग्रहण करते थे। जब वे अकेलेपन से ऊब जाते थे तो अपने ही मकान में टहलते थे। अपनी समस्याओं को हल करने में ही उनको आनंद आता था और आस-पास की खटर-पटर सुनकर वे सुख की अनुभूति करते थे।

शारीरिक रूप से वे बहुत कमजोर थे। उन्होंने कभी खेलों या व्यायाम का अभ्यास नहीं किया। यही कारण था कि चालीस की आयु पूरी होने से पूर्व ही वे झुककर चलने लगे थे। लोगों ने उन्हें युवा मानना बंद कर दिया था। वे छोटे-छोटे पर तेज कदमों से चलते थे।

गहन सोच में डूबे अल्फ्रेड

उनके बाल हलके भूरे थे, पर वे जल्दी ही सफेद होने लगे थे। उनकी भौंहें घनी थीं और आँखें गहरी थीं। उनकी दाढ़ी भी थी, पर वे उसे लगातार

छँटवाते रहते थे। उनके चेहरे पर पीलापन था। धूप से वे लगातार बचते रहते थे। वे गहरे रंग का सूट पहनते थे और अंदर सफेद कमीज पहनते थे। पर उनकी टाई हमेशा करीने से बँधी होती थी।

अपने निजी प्रचार से वे बचते थे। जब कोई संपादक उनसे उनकी फोटो माँगता था तो वे कहते कि मेरे सभी सहायकों व कर्मचारियों की फोटो छापो।

उनका शरीर लगातार हिलता रहता था। अकसर जब वे अपने प्रतिस्पर्धियों को पछाड़ते थे तो अपनी प्रसन्नता किसी को लिखे पत्र में व्यक्त कर देते थे। पर बढ़ता धन और बढ़ती प्रशंसा उन्हें विचलित नहीं कर पाती थी। वे चाहते थे कि इस बढ़े धन से वे ज्ञान व सूचनाओं का प्रसार करें।

वे सत्ता में बैठे लोगों से भी त्रस्त थे। उन्हें लगता था कि ये लोग समाज को गलत दिशा में ले जा रहे हैं और अनैतिक कार्यों में लिप्त हैं।

पर सबसे ज्यादा नाराज वे न्यायपालिका से थे। उन्हें लगता था कि न्यायपालिका पर राजनीतिक रूप से शक्तिशाली लोगों का कब्जा है। ये लोग शक्ति का दुरुपयोग करते हैं।

वे स्पष्ट रूप से मानते थे कि न्याय व व्यवस्था के पालक वास्तव में भ्रष्ट व महत्त्वाकांक्षी लोग हैं और उनके अधिकार सीमित होने चाहिए। पर ऐसा तभी हो पाएगा जब आम जनता शिक्षित होगी।

चालीस वर्ष की आयु में अल्फ्रेड को बहुत अकेलापन महसूस होने लगा था। इस बात को उन्होंने अपने मित्रों व संबंधियों के सामने व्यक्त किया था। उनके पास ढेर सारे निमंत्रण आते थे, पर वे अकसर बहाना बनाकर टाल देते थे।

पर फिर भी उन्हें समारोहों में जाना तो पड़ता ही था। पेरिस में अकसर फ्रांसीसी शासक दावतें आयोजित करते थे और अल्फ्रेड को मजबूरन उनमें जाना पड़ता था। उन दावतों में उन्हें भव्य सम्मान मिलता था, क्योंकि लोगों की निगाह में वे अति महत्त्वपूर्ण व्यक्ति थे। जहाँ कहीं भी वे जाते, जल्द ही केंद्रबिंदु बन जाते थे। पर जल्दी ही वे चमक-दमक से ऊबकर किसी कोने में जा बैठते थे।

वे अपने अवलोकनों और प्रतिक्रियाओं को पत्राचार के माध्यम से

व्यक्त करना चाहते थे। बातचीत के मैदान में वे ज्यादा देर ठहर नहीं पाते थे। वे जानते थे कि उल्लास के वातावरण को वे मंदा कर देंगे और इसलिए पीछे रहना पसंद करते थे।

अकसर दावतों में उन्हें सिरदर्द महसूस होता था। इससे राहत पाने के लिए वे शराब के कई पेग पी डालते थे। अगले दिन उन्हें पूरे दिन सिरदर्द का सामना करना पड़ता था और लाभ सिर्फ इतना होता था कि उनका भोजन आसानी से हजम हो जाता था। सिरदर्द से राहत के लिए वे और शराब पी डालते थे।

अकेलेपन के कारण अल्फ्रेड नोबल का स्वास्थ्य और ढल रहा था। वे स्वयं भी इस बात को जानते थे। पर साथ में यह भी सच था कि फ्रांस की महिलाओं में उनकी रुचि नहीं थी। उनसे बात करना उन्हें कड़वा घूँट जैसा लगता था। इनकी तुलना में उन्हें रूसी महिलाएँ फिर भी अच्छी लगती थीं।

□

असफल प्रेम

अल्फ्रेड के पास घर था, पर घर की देखभाल के लिए एक परिचारिका ही रखी गई थी। आयु बढ़ने के साथ अल्फ्रेड का अकेलापन भी बढ़ता जा रहा था।

एक बार जब उन्हें विएना जाने का अवसर मिला तो उन्होंने शहर को ध्यान से देखा। उन्हें वह पुराना और व्यवस्थित शहर बहुत भाया। उसे देखकर उन्होंने अपने घर और जीवन को भी व्यवस्थित करने का निर्णय लिया। उन्हें लगा कि केवल पत्रों व दस्तावेजों को फाइल में लगाने के लिए सहायक से काम नहीं चलेगा और एक ऐसी निजी सचिव होनी चाहिए, जो उनके पत्रों एवं दस्तावेजों को तैयार करने में भी योगदान करे। आने-जानेवालों का भी ध्यान रखे और उनका भी।

विएना में ही एक अखबार में उन्होंने इस कार्य हेतु विज्ञापन दिया, जिसमें एक वयस्क महिला की सेवाएँ माँगी गई थीं। अपेक्षा की गई थी कि वह महिला अनेक भाषाओं की जानकार हो तथा घर चलाने के साथ-साथ निजी सचिव का दायित्व भी निभाए।

तैंतालीस वर्षीय अल्फ्रेड को आशा थी कि जो युवती मिलेगी वह कम-से-कम पाँच भाषाओं में पत्र-व्यवहार कर सके। वह इतिहास, साहित्य तथा थोड़ा-बहुत संगीत से भी परिचित हो। उसे खाना बनाना भी आता हो।

विज्ञापन के तमाम उत्तर आए। उनमें से एक था बर्था सोफिया फेलितास किंस्की का। अपने उत्तर में बर्था ने अच्छे शब्दों का प्रयोग किया था और उसकी हस्तलिपि भी उत्कृष्ट थी।

तैंतीस वर्षीय अविवाहित बर्था एक राजपरिवार के सदस्य की लड़कियों

की गवर्नेंस के रूप में कार्य कर रही थी। वह स्वयं भी एक कुलीन परिवार से थी और उसके पिता सैनिक रह चुके थे। उस समय उसके परिवार की आर्थिक स्थिति अच्छी नहीं थी। पर बातचीत व व्यवहार से उसके कुलीन वंश की झलक स्पष्ट मिल जाती थी। वह विएना के कुलीन वंश के लोगों में उठने-बैठने में सक्षम थी।

इसके साथ ही पत्राचार का सिलसिला प्रारंभ हुआ। अल्फ्रेड को बर्था की योग्यताएँ पर्याप्त लगीं। उन्होंने उससे यह भी स्पष्ट कर दिया कि बर्था को पेरिस में ही रहना होगा। वैसे भी अल्फ्रेड को पेरिस की महिलाएँ नहीं भाती थीं और उन्हें रूसी महिलाएँ आदर्श लगती थीं। बर्था भी उनके पैमाने पर खरी उतर रही थी।

अल्फ्रेड को बर्था के बारे में जानने की इच्छा थी और ज्यों-ज्यों ज्यादा जानकारी मिल रही थी, उनकी चाहत और बढ़ रही थी।

वास्तव में बर्था ने अब तक काँटों भरा जीवन बिताया था। उसका बचपन दुःख भरा था। परिवार की जरूरतों को पूरा करने के लिए उसे एक अन्य धनवान् परिवार में नौकरी करनी पड़ी। इसी परिवार का एक युवक, जो उससे सात वर्ष छोटा था, बर्था से प्रेम करने लगा। दोनों के बीच विवाह की बात चली, पर लड़के की कुलीनवंशी माँ बीच में आ गई। कारण सिर्फ बर्था की अधिक आयु नहीं था वरन् मामूली दहेज भी था, जो कि बर्था के घरवाले बड़ी कठिनाई से दे पा रहे थे।

वास्तव में अल्फ्रेड का विज्ञापन पहले-पहल उस महिला ने ही देखा था जिसका बेटा बर्था से प्रेम करने लगा था। उसे बर्था से छुटकार पाने का एक तरीका मिल गया और उसने बर्था को समझाना प्रारंभ कर दिया कि वह इस पद के लिए आवेदन कर दे।

अंततः दुःखी बर्था ने भी उस घर से अपना पीछा छुड़ा लिया और वेतन आदि निर्धारित करके पेरिस के लिए रवाना हो गई। यहाँ आकर उसने अपने नए नियोक्ता के बारे में जानना प्रारंभ किया। अल्फ्रेड अब तक अपने डायनामाइट के आविष्कार व उपयोग के कारण लोकप्रिय हो चुके थे। पेरिस के बड़े धनी-मानी लोगों में से एक माने जानेवाले अल्फ्रेड के पास एक समृद्ध पुस्तकालय भी था और धर्मार्थ काम करने की प्रवृत्ति भी थी। यह भी

आभास हो गया कि अल्फ्रेड की एक पक्की व व्यस्त दिनचर्या थी और वह घोर अकेलेपन का शिकार भी था।

क्या संयोग था। इधर बर्था पेरिस के लिए रवाना हुई, उधर अल्फ्रेड ने अपने पेरिस स्थित मकान एवेन्यू मालकॉफ को नया रूप देने का निर्णय किया। बर्था का रेलगाड़ी में ही स्वागत हुआ और उसे बताया गया कि मकान में होनेवाले निर्माण कार्य के कारण उसे ग्रांड होटल के सूट में रहना होगा।

जब अल्फ्रेड और बर्था एक दूसरे से मिले तो बर्था चौंकी। विज्ञापन में लिखा था कि नियोक्ता एक वृद्ध या अधेड़ (Elderly) व्यक्ति है, पर अल्फ्रेड मात्र तैंतालीस वर्ष के थे और मध्यम ऊँचाईवाले अल्फ्रेड की काली दाढ़ी थी। नीली आँखें, मीठी आवाज आदि ने बर्था को खासा प्रभावित किया। विशेष बात यह थी कि बायरन अल्फ्रेड का प्रिय कवि था और इसपर बर्था विशेष रूप से चौंकी। अल्फ्रेड आमतौर पर उदास रहते थे, पर मौके पर मजाक आदि करने में नहीं चूकते थे।

उधर अल्फ्रेड के मन में भी लड्डू फूटने लगे थे। उन्होंने जितना सोचा था, बर्था उससे कहीं ज्यादा खूबसूरत थी। उसका अंडाकार चेहरा, आकर्षक नाक, नक्स, काले-काले बाल, गहरी जीवंत आँखें अल्फ्रेड के दिल में गहरी उतर गईं। वह कसे हुए कपड़े पहने थी, जिससे उसकी पतली कमर उभर रही थी।

अल्फ्रेड ने बर्था के साथ होटल में सुबह नाश्ता किया और उसके बाद वे अपने मकान एवेन्यू मालकॉफ के लिए रवाना हुए। घोड़ागाड़ी पर हुई इस यात्रा के दौरान बर्था ने न केवल अल्फ्रेड को ध्यान से देखा वरन् पेरिस में टहलते लोग, सूर्य की खिली रोशनी में नहाते फव्वारे भी देखे। घोड़ागाड़ी की लालटेन और घोड़ों से बँधी हुई पट्टियाँ बीच-बीच में जो आवाज करती थीं, उससे उसका ध्यान भंग हो जाता था, पर वह फिर निहारने में लग जाती थी।

लंबी बातचीतों का सिलसिला

अकेलेपन से बुरी तरह ऊब चुके अल्फ्रेड ने अपने मन की सारी बातों को बर्था के समक्ष उड़ेलना प्रारंभ कर दिया। उन्होंने अपने चल रहे

प्रयोगों के बारे में उसे विस्तार से बताया। अल्फ्रेड को इस बात पर आश्चर्य हो रहा था कि एक अत्यंत खूबसूरत महिला उनकी बातचीत में खोती जा रही थी। अब तक अल्फ्रेड ने मात्र व्यावसायिक चर्चाएँ ही की थीं और उन बातचीतों में तथा बर्था के साथ आलाप में जमीन-आसमान का अंतर था।

बातों-बातों में अल्फ्रेड भी इस तरह खोते जा रहे थे कि अपने व्यवसाय के प्रति अपनी भावनाओं को भी उड़ेलते जा रहे थे। उन्हें मालूम था कि उनके आविष्कारों का उपयोग आनेवाले युद्धों में होगा। इस कारण अपने आविष्कारों के भयावह परिणामों से वे डर भी रहे थे और एक प्रकार की घृणा भी उनके मन में पनपती जा रही थी।

उन्हें लग रहा था कि आनेवाले समय में युद्ध की कला बदलती जाएगी। युद्धक सामग्री बदलेगी। राष्ट्रीय हितों के सामने नैतिक हित गौण पड़ते जाएँगे। पर साथ ही वे यह भी कल्पना करते जा रहे थे कि जिस प्रकार से यह प्रवृत्ति बढ़ रही है, उस प्रकार से एक स्थिति ऐसी आएगी जब इतने विनाशकारी हथियार उपलब्ध हो जाएँगे कि लोग युद्ध से तौबा करने लगेंगे और युद्ध असंभव हो जाएँगे।

यह कल्पना उनके सोचने के लगभग 70-75 वर्ष बाद साकार हुई, जब पहले परमाणु बम और फिर हाइड्रोजन बम बने; पर इन बातों से बर्था अत्यंत प्रभावित हुई।

अल्फ्रेड कहते चले गए, बर्था सुनती चली गई। बाद में बर्था ने अपने स्मरणों को कलमबद्ध किया, जिनमें लिखा था कि अल्फ्रेड का मानना था कि हालाँकि सैन्य उपयोग के लिए हर किसी को जल्दी होती है और उसकी चर्चा भी जल्दी व ज्यादा होती है, पर उनके डायनामाइट और जिलेटिन का शांतिकाल में उपयोग भी जल्दी लोकप्रिय हो जाएगा और उन्हें उसी उपयोग के लिए जाना व याद किया जाएगा।

बातों-बातों में बर्था अपने विचार भी व्यक्त करती जा रही थी। उससे अल्फ्रेड की संतुष्टि का ठिकाना नहीं था। वे मान रहे थे कि उन्हें अपने ही बौद्धिक स्तर का हमसफर मिल गया है। पहली रात्रि को जब बर्था ने अल्फ्रेड को गुडनाइट कहा तो दोनों के ही रोमांच का ठिकाना नहीं था। बर्था रात्रि को आँख लगने से पूर्व सोचती रही कि आज पहली बार उसने किसी

के साथ इतनी आत्मीयता से चर्चा की है। उसे एक अद्‍भुत सुख की अनुभूति हुई।

सिलसिला चलता रहा

बातचीत का सिलसिला अन्य क्षेत्रों में भी चला। अल्फ्रेड ने जवानी के अकेलेपन में लिखी अपनी एक कविता बर्था को दी। कविता देते हुए उन्हें अजीब सा संकोच हो रहा था कि जाने बर्था क्या सोचेगी। कई बार उन्होंने कह दिया कि यह अकेलेपन की अनुभूति है, जो कविता में उतर आई है।

कविता देखकर बर्था को अजीब विरोधाभास लगा। उसने सोचा कि कैसा अकेलापन है, जिसने अल्फ्रेड के मन में इस कदर निराशा भर दी है। पर यदि इतनी निराशा थी तो यह व्यक्ति उद्योग जगत् के सफलतम व्यक्तियों में से एक कैसे है। यह किस प्रकार भविष्य के प्रति इस कदर आशावान् है। इसके अंदर इतनी ऊर्जा भरी पड़ी है। यह तो पूरे संसार, पूरी मानवता के बारे में सोचता रहता है।

दिल दे दिया

विज्ञापन देते समय भी अल्फ्रेड ने सोचा था कि जो आएगी, वह केवल देखरेख ही नहीं करेगी बल्कि वह सचिव से भी ज्यादा होगी। एक-दो दिनों की बातचीत के बाद ही अल्फ्रेड इस कदर प्रभावित हो गए कि उन्होंने अपने मन की बात को एक अनाड़ी प्रेमी की भाँति बर्था के सामने रख दिया। बड़े-बड़े व्यावसायिक सौदे करनेवाले कुशल अल्फ्रेड की सारी कुशलता धरी रह गई।

पर बर्था ज्यादा कुशल निकली। उसने अपनी स्थिति को बड़ी सावधानी और सफाई से अल्फ्रेड के सामने रखा। उसने बता दिया कि उसकी मँगनी आर्थर नामक व्यक्ति से हो चुकी है और उसकी माता के दबाव के कारण मात्र एक अस्थायी दरार आई है। वह यहाँ पर केवल इस उद्‍देश्य से आई थी कि आर्थिक रूप से स्वतंत्र हो सके।

इसी बीच काम के दबाव के कारण अल्फ्रेड को 9 मई से 30 मई,

1876 तक के लिए पेरिस छोड़कर बाहर जाना पड़ा। भावी स्थिति को भाँपते हुए बर्था ने एक सप्ताह के अंदर ही अपना सामान बाँधा और होटल का बिल स्वयं भरकर अपने पुराने प्रेमी आर्थर के पास चली गई। गरीब पर स्वाभिमानी बर्था को होटल का बिल भरने के लिए अपना हीरे का पिन (जूड़े में लगानेवाला) बेचना पड़ा, जो उसे उसके एक रिश्तेदार ने भेंट किया था।

बर्था से निकटता

उधर होटल के अधिकारी उससे मिन्नतें करते रहे कि उसे होटल का बिल भरने की कोई आवश्यकता नहीं है। नोबल साहब को बुरा लगेगा। पर बर्था नहीं मानी। उसने होटल के एक वेटर से निवेदन किया कि वह विएना तक की एक्सप्रेस गाड़ी का टिकट उसे ला दे।

टिकट मिलते ही बर्था अपने मंगेतर आर्थर से मिलने को रवाना हो गई। 12 जून, 1876 को दोनों विएना के बाहर एक गिरजाघर में विवाह बंधन में बँध गए। शादी में आर्थर के माता-पिता शामिल नहीं हुए थे। उनको इस विवाह को स्वीकारने में दस वर्ष लग गए।

उधर अल्फ्रेड के पास हड़बड़ी में रख दिए गए प्रेम प्रस्ताव पर शोक मनाने के अलावा कोई चारा नहीं था। उन्हें लग रहा था कि उनका डायनामाइट उनके अपने कलेजे के पास ही फट गया है। अब शायद उन्हें कभी अवसर तक नहीं मिलेगा।

पर भगवान् अवसर देने के लिए तैयार बैठा था।

□

फिर से प्रेम के मैदान में

टूटे दिल के साथ अल्फ्रेड को अधिक दिन नहीं भटकना पड़ा और सन् 1876 की गरमियों में ही उनकी भेंट सोफिया हैस नामक बीस वर्षीया युवती से निथेना के पास एक स्वास्थ्य गृह में हो गई। फूलों की एक दुकान पर सेल्सगर्ल के रूप में कार्य करनेवाली सोफिया शीघ्र ही अल्फ्रेड के दिल में उतर गई।

पहली नजर के प्यार का यह हाल था कि अल्फ्रेड उस स्थान [illegible] बार-बार आना चाहने लगे। पर इस बार वे पूरी तरह सावधान थे और बर्था को हड़बड़ी में किया गया प्रणय निवेदन उन्हें याद था। उन्हें कभी-कभी यह भी लगता था कि सोफिया उनसे तेईस वर्ष छोटी है। कहीं ऐसा न हो कि सोफिया भी बर्था की तरह बिदक जाए।

पर सोफिया बर्था से भिन्न थी। उसकी हस्तलिपि में लिखे पत्र आज भी सुरक्षित हैं और यह बताते हैं कि वह शायद ही कभी स्कूल गई हो। उसके अनपढ़ होने का अहसास अल्फ्रेड को भी था और उसे उन्होंने व्यक्त भी किया।

उधर सोफिया को अपना प्रेमी एक धन की खान लगता था और वह लगातार पत्रों द्वारा पैसे मँगाती रहती थी। अल्फ्रेड उसके पत्रों से भी परेशान होते थे और उसकी बातों या गप्पों से भी, क्योंकि वह लगातार बिना सोचे-समझे बोलती ही रहती थी।

अल्फ्रेड की हार्दिक इच्छा थी कि सोफिया पढ़े-लिखे, सभ्य व सुसंस्कृत बने। वह बर्था की तरह विभिन्न विषयों पर चर्चा के लिए योग्य बने। अनेक प्रयासों व काफी समय के बाद उन्हें लगा कि वे गलत दिशा में

प्रयास कर रहे हैं और यह युवती न तो सुधर सकती है और न ही इसका कभी कला या साहित्य से कोई नाता जुड़ेगा।

इन कारणों से अल्फ्रेड और सोफिया के बीच संबंधों में तमाम उतार-चढ़ाव आए और कई बार संबंध बहुत खराब भी हो गए। अल्फ्रेड बीच-बीच में बर्था की याद करते और सोचते कि यदि वह होती तो उन्हें किस कदर सुकून मिलता।

जो भी व्यक्ति अल्फ्रेड और सोफिया के संबंध के बारे में सुनता था, वह मुँह बिचकाता था। इस कारण अल्फ्रेड भी उस रिश्ते का जग-जाहिर करने से बचते थे। पर इश्क और मुश्क तो छिपाए नहीं छुपते हैं। बड़े भाई लुडविग को भी पता चल गया और उन्होंने भाँप लिया कि अल्फ्रेड इस युवती को सड़क से उठा लाए हैं और यह अल्फ्रेड को फाँसकर शादी कर लेगी और जीवन तबाह कर देगी। उन्होंने अल्फ्रेड को भरपूर समझाया कि जहाँ तुम सुख तलाश रहे हो, वहाँ पर कोई सुख नहीं है। वास्तविक सुख खानदानी व सम्मानित महिलाओं में होता है। यदि तुम इस लड़की की दरिद्रता पर दया कर रहे हो तो बात अलग है, पर उस औरत में तो औरतों के गुण ही नहीं हैं। दुर्भाग्यवश अल्फ्रेड तुमने मुझसे सलाह नहीं माँगी, पर सलाह तो मुझे देनी ही पड़ रही है।

अंततः अल्फ्रेड का सोफिया से विवाह नहीं हो पाया। इसके अनेक कारण रहे। एक कारण दोनों के बौद्धिक स्तर में भारी अंतर था। धीरे-धीरे अल्फ्रेड ने अपने पुरुष मित्र बना लिये और उनके साथ कुछ समय बिताने लगे। इसके अलावा उनके अपने पेरिस स्थित मकान की लाइब्रेरी अति समृद्ध हो चुकी थी और उसमें उनका खूब समय बीतने लगा था। पर सोफिया से संबंध टूटा नहीं। कई बार संबंधों का स्वरूप बदलता देखा गया। कभी लोगों को लगता था कि दोनों प्रेमी-प्रेमिका हैं, पर कई बार ऐसा भी लगता था कि अल्फ्रेड उसे एक बच्ची की तरह दुलार रहे हैं।

यह विचित्र किस्म का संबंध लंबे समय तक चला। प्रारंभिक दिनों में अल्फ्रेड ने सोफिया के लिए एक अलग मकान किराए पर लेकर दिया था। यह मकान साल्जबर्ग से 50 कि.मी. दूर एक रमणीय स्थल पर था। यह मकान सन् 1870 के दशक में बना था और आज भी एक सांस्कृतिक केंद्र के

रूप में जाना जाता है। इसके आसपास झरने आदि थे और लोग स्वास्थ्य-लाभ के लिए आते थे।

बाद में अल्फ्रेड ने सोफिया के लिए एक मकान खरीदा। 1 जुलाई, 1880 को सोफिया इसमें रहने आई और छह वर्ष तक रही। इसके अलावा अल्फ्रेड ने एक और मकान पेरिस में सोफिया के रहने के लिए किराए पर लिया, जो कि अल्फ्रेड के अपने घर से बहुत नजदीक था और जहाँ पैदल जाया जा सकता था।

अल्फ्रेड और सोफिया अकसर अपने परिचितों के घर मिलने जाया करते थे। सोफिया की सुख-सुविधा के लिए हर संभव व्यवस्था की गई थी। उसके लिए आया, रसोइया तथा एक फ्रेंच सिखानेवाला शिक्षक रखा गया था। अल्फ्रेड की बड़ी अभिलाषा थी कि वह धारा-प्रवाह फ्रेंच बोलना सीख ले।

सन् 1883 से 1893 का समय अल्फ्रेड नोबल के लिए बहुत ही कठिनाई का समय था। इस अवधि के दौरान उन्हें तमाम कानूनी लड़ाइयाँ लड़नी पड़ीं, जिनकी चर्चा आगे की जाएगी। इस दौरान अनेक दुर्घटनाएँ भी घटीं, जिनसे अल्फ्रेड अनेक प्रकार से आहत हुए। सन् 1888 में उनके बड़े भाई लुडविग का देहांत हुआ और अगले ही वर्ष अल्फ्रेड की माता चल बसीं जिन्हें वे सबसे ज्यादा चाहते थे।

ऐसी अवधि में हर व्यक्ति स्त्री (आमतौर पर पत्नी या प्रेमिका) में सुख व शांति की तलाश करता है। शायद अल्फ्रेड ने भी सोफिया में यही सबकुछ तलाशा होगा। पर बदनसीब अल्फ्रेड को यह सब न तो मिलना था और न मिला। सोफिया ने उन्हें कलह एवं बेचैनी के अलावा और कुछ न दिया। सोफिया लगातार अपनी शिकायतें सामने रखती रही। वह मात्र पत्रों से संतुष्ट होनेवाली नहीं थी। वह दुनिया के चरम सुख भोगना चाहती थी। उसे अपनी स्थिति भी पसंद नहीं थी और वह नहीं चाहती थी कि लोग उसे मात्र एक रखैल मानें।

उसे अल्फ्रेड के बंधन भी पसंद नहीं थे। उसने अल्फ्रेड की इस इच्छा का भी सम्मान नहीं किया कि वह शिक्षित, सभ्य और सुसंस्कृत बने। जब अल्फ्रेड ने उससे कहा कि वह अपनी बहनों व नौकरों के अलावा अन्य

लोगों से न मिले, तो वह भड़क गई।

सोफिया अनपढ़ अवश्य थी, पर अति-चालाक औरत थी। अल्फ्रेड का निर्देश था कि उनके पत्र पढ़ने के तत्काल बाद फाड़ दिए जाएँ। पर वह उन्हें सँभाल कर रखती रही। उसने स्वयं अल्फ्रेड को जो पत्र लिखे उनकी प्रतिलिपि भी सँभाल कर रखती रही।

अल्फ्रेड की मृत्यु के बाद नोबल फाउंडेशन ने एक बड़ी रकम देकर सोफिया से वे पत्र व प्रतिलिपियाँ प्राप्त कीं। पर तब भी सोफिया ने सारे पत्र नहीं सौंपे। शायद वह और रकम ऐंठना चाहती थी। पर वह सफल नहीं हुई। नोबल फाउंडेशन ने सन् 1950 तक उन पत्रों को गोपनीय रखा।

सोफिया अल्फ्रेड से आशंकित भी रहती थी। जब अल्फ्रेड ने अपनी बीमार माँ को देखने जाने का निर्णय लिया और सोफिया से साथ चलने के लिए कहा तो उसने पेट खराब होने का बहाना बना दिया। अल्फ्रेड समझ गए कि वह झूठ बोल रही है। पर बरदाश्त करने के अतिरिक्त उनके पास कोई चारा नहीं था।

सोफिया अकसर अपने पुरुष मित्रों से मिलने के लिए विएना लौट जाती थी। अल्फ्रेड को यह अच्छा नहीं लगता था। सोफिया के खर्चों में कटौती करके वे उसे रोकने का प्रयास करते थे। इस क्रम में कलह बढ़ती ही चली गई। साथ ही सोफिया के अन्य पुरुषों के साथ किस्सों की संख्या और रोचकता भी बढ़ती चली गई।

पर अति तब हो गई जब सन् 1891 में पता चला कि सोफिया किसी अन्य पुरुष के बच्चे की माँ बनने वाली है। अल्फ्रेड को यह सुनकर गहरा धक्का लगा। बड़ी कठिनाई से उन्होंने अपने उद्वेलन को नियंत्रित करने का प्रयास किया।

उनके ऊहापोह का अंदाज इस बात से भी लगता है कि उन्होंने इस स्थिति में सोफिया को सांत्वना देने का भी प्रयास किया। वे जानते थे कि सोफिया का कोई और संरक्षक या शुभचिंतक नहीं है और उनके छोड़ते ही वह अनाथ व तबाह जैसी हो जाएगी।

पर यह भी सत्य था कि अल्फ्रेड के तरह-तरह के प्यार तथा जेवर-गहने, बँगला, गाड़ी, कपड़े-लत्ते पाने के बाद पर पुरुष के बच्चे की माँ

बनना अल्फ्रेड के प्रति बेवफाई थी। कोई भी स्वाभिमानी व्यक्ति इस प्रकार के संबंध को, चाहे वह अनाचार या अवैधानिक श्रेणी का ही क्यों न हो, आगे नहीं चलाएगा।

अंततः अल्फ्रेड ने सोफिया से पीछा छुड़ाया। सोफिया, जो बीच में श्रीमती नोबल या मदाम नोबल के नाम से भी जाने-अनजाने में पुकारी जाने लगी थी, को वापस अपनी दुनिया में जाना पड़ा।

□

नया विस्फोटक–जिलेटिन

जीवन के तमाम उतार–चढ़ावों के बीच भी अल्फ्रेड की काम करने और नया अनुसंधान करने की क्षमता में कभी कमी नहीं आई। डायनामाइट के बाद उन्होंने अपना नया विस्फोटक जिलेटिन बाजार में उतार दिया।

नए विस्फोटक में 92 प्रतिशत जिलेटिन–युक्त ग्लिसरीन था और 8 प्रतिशत नाइट्रो–सेलुलोज। इस प्रकार इसमें नाइट्रो–ग्लिसरीन के विस्फोटक गुण भी थे और डायनामाइट से ज्यादा सुरक्षा भी थी। यह न केवल अधिक सुरक्षित था वरन् पानी के अंदर भी कार्य करने में सक्षम था और इस कारण

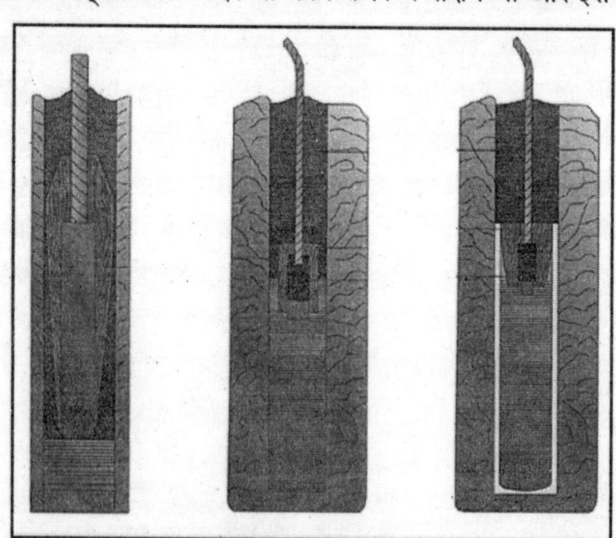

जिलेटिन विस्फोट पद्धति

उसकी उपयोगिता बेतहाशा बढ़ गई थी।

इस नए उत्पाद के लिए उन्होंने अथक परिश्रम किया था। जब इसे विशेषज्ञों के समक्ष मूल्यांकन के लिए प्रस्तुत किया गया तो वे भी चौंक गए। सभी का मानना था कि यह सैन्य उपयोग में काम आएगा। अल्फ्रेड को लग रहा था कि जिलेटिन का उपयोग ग्रेनेडों में, तोपों में, हाथ से चलनेवाली बंदूकों में होगा।

पर जब अल्फ्रेड नोबल व सर फ्रेडरिक अबेल ने इंग्लैंड में तमाम प्रयोग किए तो पता चला कि इसमें तमाम कठिनाइयाँ आएँगी। इसके साथ ही आशाओं से भरा माहौल थम-सा गया। जिलेटिन का विस्फोट करना डायनामाइट की तुलना में अधिक खर्चीला था और उसके उत्पादन में जोखिम भी ज्यादा था। इस कारण फ्रांस, इंग्लैंड और जर्मनी में इसका उत्पादन धीमा हो गया।

पर इस नए विस्फोटक से कड़ी-से-कड़ी चट्टानें भी टुकड़े-टुकड़े हो जाती थीं। जब नौ मील लंबी एक सुरंग का निर्माण किया गया तो जिलेटिन डायनामाइट की तुलना में अधिक उपयोगी सिद्ध हुई। अन्य उपयोगकर्ताओं ने भी पत्र द्वारा प्रमाणित किया कि जहाँ वे डायनामाइट की सहायता से 40-50 फीट तक चट्टान हर महीने काट लेते थे, वहीं जिलेटिन की सहायता से 70 से 80 फीट तक चट्टान काट लेते थे।

एक ओर आशाएँ झिलमिला रही थीं और दूसरी ओर बाधाओं के अंबार लग रहे थे। इंग्लैंड में पेटेंट के लिए आवेदन किया गया, पर वहाँ के सरकारी विस्फोटक पदार्थों के लिए बने विभाग ने जिलेटिन की राह में पत्थर व चट्टानें बिछा दीं। धैर्यवान् अल्फ्रेड नोबल का धैर्य धराशायी हो गया और उन्होंने जब शिकायत दर्ज की तो उसमें ब्रिटेन के नियमों, नौकरशाही आदि को काफी बुरा-भला कह डाला।

बात यहीं तक नहीं रुकी और इंग्लैंड के विस्फोटक निरीक्षण विभाग ने जिलेटिन-युक्त विस्फोटक के निर्माण पर प्रतिबंध लगा दिया। यह अनुमान था कि प्रतिबंध समाप्त होने में पाँच वर्ष लग जाएँगे।

चतुर माने जानेवाले अल्फ्रेड के लिए यह बहुत बड़ा झटका था और उन्हें विश्वास ही नहीं था कि सचमुच ऐसा हो जाएगा। उनका माथा ठनक

रहा था कि जरूर कहीं–न–कहीं और कोई गड़बड़ है।

सचमुच ही गड़बड़ कहीं और थी। नोबल कंपनी सर फ्रेडरिक अबेल पर विश्वास कर रही थी। अबेल ने स्वयं गन कॉटन तैयार करने की विधि तैयार कर ली थी, जिसके रासायनिक विखंडन का जोखिम बहुत कम था। अब अबेल की रुचि जिलेटिन की खिलाफत में थी। यही कारण था कि प्रारंभिक दौर में जिलेटिन पिट गया।

पर अन्य जगहों पर ऐसा नहीं हुआ। इसके गुणों की सराहना हुई और रॉयल्टी के रूप में धन भी आता रहा।

□

फ्रांस में कारोबार

अल्फ्रेड की इच्छा थी कि हर महाद्वीप, हर देश एवं हर बड़े शहर में उनका कारोबार हो, उनका कारखाना स्थापित हो।

उस काल में फ्रांस अपनी समृद्धि के चरम पर था और अल्फ्रेड को फ्रांस से काफी लगाव था। उन्होंने बाद के काल में वहाँ रहना भी आरंभ किया और मकान भी बन गया। निश्चय ही उनके मन में एक आकांक्षा थी कि फ्रांस में उनका कारोबार फले-फूले।

पर यह सब करना उनके अकेले के बस की बात नहीं थी और उन्हें एक उचित व योग्य साथी की तलाश थी। सन् 1867 में पॉल फ्रांकोयस बार्ब के रूप में एक साथी उन्हें हैंबर्ग में मिला जिसके साथ उन्होंने एक कंपनी की स्थापना की। दोनों आधे-आधे मुनाफे के भागीदार थे।

पर अल्फ्रेड को इस बात का भी अहसास था कि उनके साथ काम करना हर किसी के बस की बात नहीं है। उनका काम अत्यंत जोखिमपूर्ण था और इस कारण अत्यंत सावधानी से काम करना होता था। इस कारण देर भी हो जाती थी; क्योंकि दुर्घटना से बचाव पहली प्राथमिकता होती थी। साझीदारों व सहकर्मियों को हर मामले में अल्फ्रेड की पूर्व अनुमति लेनी होती थी। पर कुल मिलाकर बार्ब एक उपयुक्त व उपयोगी साझीदार सिद्ध हुए।

जब सन् 1870 में फ्रांस व प्रशिया के बीच युद्ध प्रारंभ हुआ तो बार्ब ने फ्रांसीसी प्रशासन को सावधान किया कि यह डायनामाइट विस्फोटक सैन्य दृष्टि से अत्यंत उपयोगी सिद्ध हो सकता है। बार्ब के राष्ट्रीय असेंबली में समर्थक थे और इसका लाभ उठाते हुए उन्होंने इसकी उत्पादन इकाई लगाने पर जोर दिया। उन्हें स्वीकृति भी मिल गई और 60,000 फ्रांक की सरकारी

धनराशि डायनामाइट कारखाने में लगाने का आश्वासन भी मिल गया। उस समय विस्फोटक सामग्री के निर्माण व विपणन पर सरकारी एकाधिकार था। उधर अल्फ्रेड को अपने आविष्कार के सैन्य प्रयोग पर दुःख तो होता था, पर युद्ध की स्थिति में इतनी भावुकता उत्पन्न हो जाती है कि जीतने की दिशा में भ्रम लगनेवाली अच्छी बात से भी लोग चिढ़ जाते हैं और सच बोलते व्यक्ति को देशद्रोही मान लिया जाता है। इस कारण अल्फ्रेड ऐसे दिनों या ऐसी स्थिति में चुप ही रहते थे।

पर इस संबंध में अपनी भावनाओं को उन्होंने बर्था के सम्मुख व्यक्त किया था, जिसे उसने अपने संस्मरणों में कलमबद्ध किया था। बार्ब के कुशल प्रबंधन में डायनामाइट के निर्माण हेतु कारखाना पॉलील में, जो स्पेन की सीमा के पास था, लगाया गया। यह इलाका सुरक्षा की दृष्टि से ठीक था, क्योंकि एकांत में था। प्रारंभ में फ्रांसीसी प्रशासन ने अनेक बाधाएँ खड़ी कीं, पर कुल मिलाकर व्यवसाय अच्छा चला और निर्माण, पूँजी आदि के खर्चों को हटा देने के बाद भी अल्फ्रेड को मुनाफे के पौने दो लाख फ्रांक से अधिक राशि प्राप्त हुई।

प्रारंभ अवश्य सैन्य उपयोग से हुआ था, पर धीरे-धीरे शांतिपूर्ण कार्यों में डायनामाइट का उपयोग बढ़ता गया। यूरोप के अन्य भागों से क्रय आदेश आते चले गए। कारोबार का विस्तार न केवल फ्रांस में हुआ वरन् यूरोप के अन्य भागों में भी हुआ। सिर्फ मुनाफा ही अच्छा नहीं था, कारखाने का परिचालन भी उत्कृष्ट था और लोग इसे मॉडल के रूप में मानने लगे।

बार्ब का अपना पारिवारिक कारोबार भी था। इसके अंतर्गत मशीन शॉप, फाउंड्री के अलावा लोहे की एक खान भी थी। अल्फ्रेड के विस्फोटक व डायनामाइट में उसकी गहरी रुचि थी। वह एक कुशल इंजीनियर था और सेना में भी कार्य कर चुका था। उसे तोपों, मोर्टार आदि का अच्छा ज्ञान भी था। साथ ही संगठन व प्रशासन चलाने की प्रवीणताएँ भी बेजोड़ थीं। उस समय तक गन पाउडर के निर्माण व विपणन पर फ्रांसीसी सरकार का एकाधिकार था। अतः इसका दाम बहुत ज्यादा था और जर्मनी में इसके दाम की तुलना में यही तीन गुना था। नए सम्राट् को भी नए विस्फोटक में अच्छी-खासी रुचि थी।

कारोबार में अल्फ्रेड के जिम्मे तकनीकी समस्याएँ सुलझाना और बार्ब के जिम्मे प्रशासनिक समस्याएँ सुलझाना था। दोनों का संगम अच्छे परिणाम दे रहा था; पर दोनों कभी अच्छे मित्र नहीं बन पाए। अल्फ्रेड बार्ब पर पूरी तरह विश्वास नहीं व्यक्त कर पाए। उनका मानना था कि जब तक दोनों के हित एक हैं, तभी तक यह साथ चल रहा है और चल पाएगा। उन्हें पता था कि बार्ब के अंदर भी लालच भरा पड़ा है।

अल्फ्रेड के अन्य साझीदार भी बने। उन्होंने अनेक लोगों को अन्य देशों में आर्थिक अधिकार दिए। देना भी था, क्योंकि कारोबार न केवल यूरोप, अमेरिका वरन् लैटिन अमेरिका तक जा पहुँचा था।

ये नए साझीदार नए-नए सुझाव भी दे रहे थे। एक सुझाव था कि पेरिस में मुख्यालय न रखा जाए। एक अन्य का सुझाव था कि हर देश या हर जगह कारखाना न खोला जाए। डायनामाइट सहित सभी विस्फोटक उत्पादों का विकास इतना परिपक्व हो चुका है कि इन्हें एक जगह बनाकर सुरक्षित रूप से सारी दुनिया में भेजा जा सकता है।

अल्फ्रेड अपने सलाहकारों का पूरा सम्मान करते थे। सन् 1873 से 1885 के बीच अल्फ्रेड और बार्ब ने मिलकर विस्फोटक के कारोबार को बहुराष्ट्रीय रूप दे दिया। पर दोनों के विचारों में भारी अंतर था। बार्ब केवल मुनाफे को अधिकतम बनाने पर जोर देता था, जबकि अल्फ्रेड अपने कर्मचारियों के जीवन-स्तर को उठाने में पूरा योगदान करना चाहते थे। लोगों को बार्ब के काम करने के तरीके से शिकायत थी। अल्फ्रेड को अच्छी तरह मालूम था कि बार्ब कंपनी के पैसे को शेयरों व सट्टे में लगाता रहता था।

एक स्थिति ऐसी आई जब बार्ब द्वारा की गई अनियमितताएँ पूरी-की-पूरी सामने आ गईं। अल्फ्रेड का मन खट्टा हो गया। उधर बार्ब के ऊपर तमाम कर्ज चढ़ गया और उसने आत्महत्या कर ली। इसकी चर्चा आगे की जाएगी।

□

जर्मनी में व्यवसाय स्थापित

अल्फ्रेड के काल में जर्मनी में खनन उद्योग जोरों पर था। वहाँ पर रेल लाइनों को बिछाने का काम भी जम रहा था। तभी उन्हें स्वीडन में जनमे दो भाई विल्हेम विंकलर और थियोडोर विंकलर मिले। ये लोग अपनी अलग कंपनी चला रहे थे, पर, उनका समय खराब चल रहा था और वे बेहतर मुनाफेवाला उत्पाद ढूँढ़ रहे थे।

विंकलर बंधुओं को अल्फ्रेड व उनके आविष्कारों में अपार संभावनाएँ दिखाई दीं और वे उन्हें एक जर्मन वकील से मिलवाने ले गए, जिसकी न केवल व्यवसाय में अच्छी पकड़ थी वरन् जर्मन उद्योग मंत्रालय में भी काफी परिचय था।

अल्फ्रेड ने 20 जून, 1865 को हैंबर्ग में अल्फ्रेड नोबल ऐंड कंपनी नामक कंपनी पंजीकृत कराई। कहने को यह उनकी पहली विदेशी कंपनी थी और उसमें विंकलर बंधुओं के अलावा वकील बैंडमैन भी साझीदार थे। विशेष बात यह थी कि बैंडमैन ने तो इस कंपनी में 25,000 मार्क निवेश किए थे, पर विंकलर भाइयों ने कोई पूँजी नहीं लगाई थी। क्रमेल में स्थापित यह कारखाना एल्बे नदी के पास एक पहाड़ी इलाके में था। यहाँ की जमीन बंजर थी। नवंबर तक अल्फ्रेड को कारखाना लगाने हेतु आवश्यक सभी परमिट मिल गए। साथ में सुरक्षा हेतु सरकारी हिदायतें भी मिली थीं। आस-पास की पहाड़ियाँ कम-से-कम 15 फीट ऊँची थीं और 20 फीट से अधिक चौड़ी थीं। इस कारण एक सुरक्षित प्राकृतिक दायरा भी उपलब्ध था।

अल्फ्रेड का यह निश्चय था कि वे कभी अपनी पूँजी नहीं लगाएँगे और केवल अपने पेटेंट के अधिकार देंगे। पर क्रमेल की कंपनी में उन्हें इसे तोड़कर अपने 25,000 मार्क लगाने पड़े। विंकलर भाइयों ने हैंबर्ग बंदरगाह

पर एक गोदाम किराए पर उपलब्ध कराया।

प्रारंभ में थोड़ी मात्रा में विस्फोटक तैयार किए गए और उनके प्रयोग के प्रदर्शन के आधार पर आगे की स्वीकृतियाँ ली गईं। इसी बीच अल्फ्रेड को इंग्लैंड में डायनामाइट का पेटेंट मिल गया। सन् 1867 में स्वीडन और 1868 में अमेरिका में भी पेटेंट मिल गया।

अब सभी ओर से डायनामाइट कारखाना खोलने हेतु प्रस्ताव आने लगे। जर्मनी में नोबल कंपनी का उत्पादन किस तरह बढ़ा, इसकी झलक इस सारणी से मिलती है—

सन् 1871	785 टन
सन् 1872	1,350 टन
सन् 1873	2,050 टन
सन् 1874	3,120 टन

केवल जर्मनी में ही उत्पादन चौगुना नहीं हुआ वरन् सन् 1865 से 1873 के बीच अल्फ्रेड नोबल का साम्राज्य भी तेजी से फैला। इसकी झलक इस सारणी से मिल सकती है—

विंटर बे—स्वीडन	सन् 1865
क्रमेल—हैंबर्ग, जर्मनी	सन् 1865
लीस्कर—निकट ओस्लो	सन् 1865
लिस्ल फेरी—न्यू जर्सी, अमेरिका	सन् 1866

पर यह कारखाना सन् 1870 में नष्ट भी हो गया।

जाम्की—निकट प्राग, चेकोस्लोवाकिया	सन् 1868
रॉक कैंयॉन—निकट सैन फ्रांसिस्को	सन् 1868
हैंगो—फिनलैंड	सन् 1870
आर्डेर—निकट ग्लासगो, ब्रिटेन	सन् 1871
पॉलील्स—निकट वेंड्रेस, फ्रांस	सन् 1871
मैकेंसविले—अब इसे केन्विल कहते हैं—अमेरिका	सन् 1871
श्लीबक—कोलोन	सन् 1872
गाल्डेकानो—स्पेन	सन् 1872
जायंट पाउडर वर्क्स—न्यूयार्क	सन् 1873

इस्लेटन—स्विट्जरलैंड	सन् 1873
एविग्लियाना—टूरिन, इटली	सन् 1873
ट्राफरिया—लिस्बन, पुर्तगाल	सन् 1873
प्रेसबर्ग—ब्रैटिसलावा	सन् 1873

इस प्रकार अल्फ्रेड ने एक लंबी उड़ान भरी और इसमें सबसे अधिक साथ दिया क्रमेल स्थित जर्मन कंपनी ने, जिससे बड़े पैमाने पर निर्यात भी होता रहा। यही नहीं, अल्फ्रेड की सभी कंपनियाँ एक-दूसरे से प्रतिस्पर्धा भी कर रही थीं। इससे दाम कम हो रहे थे। फ्रेंच साझीदार बार्ब चकित था। उसने विभिन्न कंपनियों को मिलाने का सुझाव भी दे डाला, ताकि कुल मुनाफा बढ़े।

सन् 1880 के दशक में जब अल्फ्रेड ने जर्मनी में ही अपनी तीन कंपनियाँ और खोल लीं तो प्रतिस्पर्धा बेतहाशा बढ़ गई। अब अल्फ्रेड ने सन् 1886 में अपनी जर्मन और इंग्लैंड की कंपनियों का गुट (कार्टिल) बनाया और उन्हें बाजार बाँटने पर सहमत किया। पर इसमें उन्हें स्वयं भी काफी मशक्कत करनी पड़ी। पर उससे कंपनियों की सफलता और ज्यादा बढ़ गई।

अल्फ्रेड अपनी कंपनियों का आधार इतना मजबूत रखते थे कि बाद के काल में कंपनियों का मूल्य अपने आप बढ़ता चला जाता था। उनकी जर्मन कंपनी की अंश पूँजी सन् 1888 में 50 लाख मार्क थी और 1918 में यह 360 लाख मार्क जा पहुँची। सन् 1926 में इसका अंग्रेज कंपनी के साथ विलय हो गया।

सन् 1939 में जब विश्व युद्ध प्रारंभ हुआ तो इसकी अंश पूँजी 470 लाख मार्क थी और इसमें 3,000 लोग काम करते थे। पर विडंबना यह थी कि अल्फ्रेड द्वारा विकसित विस्फोटक ही क्रमेल स्थित कारखाने पर हवाई आक्रमण के दौरान बरसाए गए और केवल प्रशासनिक भवन तथा अल्फ्रेड नोबल की कांस्य प्रतिमा के अलावा सबकुछ तहस-नहस हो गया।

विश्व युद्ध के पश्चात् इस मलबे को साफ करके एक पेपर मिल लगाने का प्रस्ताव किया गया, पर मित्र राष्ट्रों के फौजी जनरलों ने मना कर दिया। बाद में इस सुनसान जगह पर परमाणु रिएक्टर लगाया गया, क्योंकि यह स्थान उसके लिए भी उन्हीं कारणों से उपयोगी था।

□

ब्रिटिश साम्राज्य में अपना साम्राज्य

हर महत्त्वाकांक्षी व्यक्ति महत्त्वपूर्ण या महत्त्वाकांक्षी राज्य या व्यवस्था पर कब्जा जमाना चाहता है। अल्फ्रेड भला इससे क्यों अछूते रहते। उस काल में इंग्लैंड न केवल एक चोटी का औद्योगिक देश था वरन् उसके छोटे-बड़े उपनिवेश पूरे संसार में फैले हुए थे।

अल्फ्रेड ने निश्चय कर लिया था कि वह इस साम्राज्य में अपना डायनामाइट साम्राज्य स्थापित करेंगे। सन् 1960 के दशक के उत्तरार्द्ध में जब वे पूरे संसार में रेल द्वारा भ्रमण कर रहे थे, उनकी नजर इंग्लैंड पर ही गड़ी हुई थी। यही नहीं, वे बीच-बीच में इंग्लैंड भी जाते रहते थे। डायनामाइट के संबंध में प्रकाशित सामग्री भी उपयुक्त लोगों तक जाती रहती थी।

अपने लक्ष्य की प्राप्ति हेतु उन्होंने अनेक उपक्रम किए। एक बार उन्होंने बड़ी ऊँचाई से डायनामाइट से भरी क्रेट नीचे गड्ढे में फेंककर दिखा दी और सिद्ध किया कि कुछ नहीं हुआ और न होगा। मई 1867 में उन्हें इंग्लैंड में पेटेंट हासिल हो गया था और इसमें उनके वकील रॉबर्ट न्यूटन ने अहम भूमिका निभाई थी। पेटेंट मामलों में महारत रखनेवाले रॉबर्ट न्यूटन से अल्फ्रेड इस कदर प्रभावित थे कि दोनों के मध्य संबंध लंबे समय तक बने रहे।

ब्रिटिश नौकरशाही का किला भेदने के लिए भी अल्फ्रेड ने न्यूटन का साथ लिया और उस क्रम में एक अन्य व्यवसाय संबंधी मामलों के वकील से भेंट हुई, जो एक खनन कंपनी का भी अध्यक्ष था। औलेंडो नामक इस वकील को यह नया विस्फोटक बहुत भाया और उसने एक आयात कंपनी खोल दी तथा विस्फोटकों का आयात करने लगा।

अल्फ्रेड ने ब्रिटिश साम्राज्य में घुसपैठ के लिए अनेक रास्ते अपनाए।

कड़े अंग्रेजी कानूनों की दीवार पार करने के लिए अपनी ब्रिटिश डायनामाइट कंपनी पर पकड़ भी ढीली कर दी। दूसरी ओर, प्रमुख ब्रिटिश अखबार 'टाइम्स' में लेख भी लिखे, जिनमें सिद्ध किया गया कि उनका उत्पाद डायनामाइट परंपरागत गन पाउडर से कहीं अधिक प्रभावी है और जो भी दुर्घटनाएँ हुई हैं वे व्यक्तिगत असावधानी के कारण अधिक हुईं।

सर फ्रेडरिक अबेल, जिनकी चर्चा पहले की जा चुकी है, ने 'गन कॉटन' नामक विस्फोटक का पेटेंट हासिल किया था और वे प्रभावशाली व्यक्ति भी थे, इस कारण तथा परंपरावादी होने के कारण ब्रिटिश व्यवस्था बाहरी माने जानेवाले अल्फ्रेड नोबल के उत्पादों के मार्ग में तमाम रोड़े अटका रही थी।

इस चुनौती से निबटने के लिए अल्फ्रेड ने तमाम कानूनी और गैर-कानूनी रास्ते अपनाए। वे डायनामाइट के कारतूस ले-लेकर खानों में भी गए और पकड़े जाने पर जेल जाने की परवाह कतई नहीं की।

पर बाधाएँ कम होने का नाम ही नहीं ले रही थीं। 11 अगस्त, 1869 को ब्रिटिश संसद् ने नाइट्रो-ग्लिसरीन कानून पारित कर दिया, जिसके अंतर्गत ब्रिटिश सीमा में नाइट्रो-ग्लिसरीन के निर्माण, आयात विपणन, आवागमन आदि सभी पर प्रतिबंध लगा दिया गया। इससे पहले केवल आवागमन पर ही प्रतिबंध था। इसके पीछे तर्क यह था कि उस समय ज्यादा-से-ज्यादा विस्फोटकों के कारखाने लगाने का प्रयास इंग्लैंड में विशेषकर ग्लासगो के पास हो रहा था, जो कि खतरनाक था। जब इस कानून की खबर आई तो अल्फ्रेड ग्लासगो में एक बैठक में थे और यह तय हो रहा था कि किस प्रकार उत्पादन तय किया जाए तथा कौन-कौन निवेशक इस नई कंपनी में कितना-कितना निवेश करेंगे। कानून की खबर आते ही सभी निवेशक व भावी खरीदार तितर-बितर हो गए।

अल्फ्रेड को कारण भाँपने और निदान ढूँढ़ने में अधिक देर नहीं लगती थी। इन बाधाओं के बावजूद अनेक ब्रिटिश उनके कारोबार में साझीदार बनने और पैसा लगाने के लिए तैयार हो गए। उन्हीं लोगों ने यह रास्ता भी निकाला कि यदि उपयोग के स्थान पर ही निर्माण भी किया जाए तो शायद डायनामाइट उत्पादन की अनुमति मिल सकती है।

अल्फ्रेड को यह भी ज्ञात हो गया कि सर फ्रेडरिक अबेल ने एक अन्य विस्फोटक कंपनी में पैसा लगा रखा है, जो उनके पेटेंट पर आधारित विस्फोटक तैयार कर रही थी।

अब अल्फ्रेड ने सर अबेल एवं उनके गन कॉटन पर सीधा प्रहार किया और आरोप लगाया कि गन कॉटन अभी उतना ही खतरनाक है और इसके प्रयोग से ऑस्ट्रिया एवं अन्य स्थानों पर तमाम लोग मारे गए थे। अतः गन कॉटन के साथ भी वैसा ही व्यवहार होना चाहिए जैसा कि नाइट्रो-ग्लिसरीन के साथ हो रहा है।

अल्फ्रेड ने ठान लिया था कि वे गन कॉटन को ब्रिटिश बाजार से दो वर्षों के अंदर ही बाहर कर देंगे। उनकी तेज काररवाई से खलबली मच गई और अंग्रेज नौकरशाही ढीली पड़ने लगी। बातचीत के लंबे-लंबे दौर चले और अंततः कड़े सुरक्षा नियमों के साथ उत्पादन की अनुमति मिल ही गई।

पर नई ब्रिटिश डायनामाइट कंपनी की अध्यक्षता अल्फ्रेड को त्यागनी पड़ी। साझीदार चार्ल्स रैंडोल्फ अध्यक्ष बने और जॉन डाउनी मैनेजिंग एक्जीक्यूटिव। कंपनी के पुनर्गठन में भी कुछ समस्याएँ आईं। कौन कितना धन लगाएगा और कितना उत्पादन होगा, यह तय करने में कठिनाई हुई।

अल्फ्रेड ने प्रयास किया कि जिन्होंने पद लिया है, वे जिम्मेदारी भी लें और पूँजी निवेश भी करें। वैसे भी अल्फ्रेड की आदत थी कि वे पैसा दूसरों का लगवाते थे। यदि प्रारंभ में उन्हें अंश पूँजी ज्यादा लगानी भी पड़ती थी तो वे जल्दी ही उसे निकाल लेते थे। कुछ दिनों बाद हर कंपनी में उनकी अंश पूँजी 3 से 10 प्रतिशत तक रह जाती थी। उनका स्पष्ट मानना था कि वे जो तकनीक दे रहे हैं, वह अनमोल है। साझीदारों को चाहिए कि वे पूँजी भी लगाएँ व काम भी करें; क्योंकि मुनाफा तो उन्हें मिलना ही है।

सारी बातें तय होने के बाद कारखाने के लिए उपयुक्त स्थान की तलाश हुई। स्कॉटलैंड के पश्चिमी तट के पास आर्डेर नामक जगह ढूँढ़ी गई, जो लगभग वैसी ही थी जैसी क्रमेल में थी। यह बिलकुल उजाड़ व वनस्पति-विहीन स्थान था। वहाँ पर सिर्फ खरगोश दिखाई देते थे, जो घास जैसी वनस्पति तलाशते रहते थे। जब तेज हवा चलती थी तो धूल व रेत उड़ती थी, पर बीच-बीच में गिरनेवाली फुहार जैसी बारिश राहत देती रहती थी।

पर जब औद्योगिक साम्राज्य कायम हुआ तो उसमें 45 इमारतें थीं। सैकड़ों कर्मचारी नियुक्त हो गए। क्रय आदेशों की झड़ी लग गई। पर अल्फ्रेड प्रबंधन से अप्रसन्न थे और उन्होंने अपनी भावना उद्घाटन के समय सबके सामने व्यक्त भी कर दी। उनका यह भी कहना था कि तमाम कुप्रबंधनों के बावजूद कारखाना मुनाफा देगा।

कारखाना चल पड़ा, मुनाफा आने लगा, पर फिर भी परेशानियाँ खत्म होने का नाम ही नहीं ले रही थीं। ब्रिटिश मीडिया इस डायनामाइट के पीछे पड़ गया और इसके प्रभावी प्रचार के कारण रेलों द्वारा डायनामाइट के आवागमन पर जनहित में रोक लगा दी गई। नाइट्रो-ग्लिसरीन के उत्पादों पर लगी यह रोक बीस वर्ष तक रही और इस दौरान अल्फ्रेड का डायनामाइट एक राजसी सवारी की तरह घोड़ा-गाड़ी में आता-जाता रहा।

एक ओर सुरक्षा कारणों का रोना रोया जाता था और दूसरी ओर इसके प्रभाव कम होने का गीत गाया जाता था। सुरक्षा नियमों के कारण अल्फ्रेड ने इसके प्रभाव में काफी कमी की थी और दूसरा कोई चारा था भी नहीं।

पर इतना सबकुछ होने के बाद भी कारखाने में दुर्घटना हो ही गई और सन् 1875 में जॉन डाउनी से एक विस्फोट हो ही गया। उन्हीं दिनों अनेक ग्राहकों ने विस्फोटक प्रभाव कम होने के कारण तमाम डायनामाइट वापस किए थे। डाउनी ने प्रमाणित किया था कि आवागमन के दौरान यह पानी से प्रभावित हो गया है और उसने अल्फ्रेड के ही तरीके से उसे नष्ट करना चाहा; पर जल्दबाजी कर दी और जान से हाथ धो बैठा।

यही कारण था कि अल्फ्रेड ने डायनामाइट के बाद जिलेटिन का आविष्कार किया था, जो कि ज्यादा सुरक्षित था। इसकी चर्चा पहले की जा चुकी है।

□

संघर्ष जारी रहा

देखने में लगता था कि अल्फ्रेड ने एक बहुत बड़ा औद्योगिक साम्राज्य कायम कर लिया था, पर जर्मनी की कंपनी को छोड़कर अन्य कंपनियों की अंश पूँजी को यदि जोड़ा जाए तो उस काल में यह मात्र साढ़े सात लाख स्वीडिश क्राउन थी, जिसका उस समय मूल्य मात्र डेढ़ लाख डॉलर था।

दूसरी ओर समस्याओं, विरोधों, अड़चनों का बड़ा साम्राज्य कायम था और सुरसा के मुख की तरह बढ़ता ही जा रहा था। समस्याओं से निबटने के लिए अल्फ्रेड ने एक लाख क्राउन तथा बार्ब ने एक लाख सत्तर हजार क्राउन और लगाए।

इसी बीच यूरोप में उद्योगों को अनुकूल वातावरण मिलने लगा। इसका लाभ नोबल कंपनियों ने भी उठाया और फ्रांस तथा स्वीडन की कंपनियों का मुनाफा काफी बढ़ा। पर साथ ही अल्फ्रेड और बार्ब के बीच तनाव भी बढ़ रहा था। पर फिर भी, वे आगे बढ़ने हेतु आपस में सलाह-मशवरा कर लेते थे।

बार्ब की हमेशा से सलाह थी कि सभी कंपनियों को मिलाकर एक कर दो। इससे उत्पादों के दाम बढ़ाने में आसानी होगी। अल्फ्रेड हिचकिचा रहे थे और उन्हें लग रहा था कि बार्ब अपने अधिकार बढ़ाने के लिए ज्यादा उत्सुक हैं। पर और चारा भी नहीं था। पुराने उत्पादों के पेटेंट समाप्त हो रहे थे। अल्फ्रेड प्रयोगशाला में अधिक समय देना चाहते थे। उन्हें लग रहा था कि यदि उन्होंने बार्ब को नीचा दिखाने में समय व ऊर्जा लगाई तो उन्हें बाजार में नीचा देखना पड़ेगा।

उधर जिलेटिन बाजार में आया और इधर सन् 1880 में एक नोबल

कारखाना स्थापित हुआ। अंश पूँजी भी 25 प्रतिशत बढ़ गई।

काम करने का अनोखा तरीका

अल्फ्रेड को सारी समस्याओं से स्वयं ही जूझना होता था। उनके पेटेंट ही उनके व्यवसाय के आधार थे और इस कारण उन्हें अत्यंत गोपनीयता बरतनी होती थी। इन कार्यों के लिए उन्होंने कोई सचिव या नियमित वकील भी नहीं रखा था।

वे अपने कार्यों व स्थिति की बैलेंस-शीट भी वर्ष में चार बार स्वयं ही तैयार करते थे, ताकि यह पता चल जाए कि वे कहाँ पर खड़े हैं। वे अनुमानित मुनाफे जैसे खयाली पुलाव नहीं पकाते थे और उनके लिए तभी मुनाफा होता था जब वह उनके खाते में आ जाए।

इसी तरह अंशधारकों को भी लाभांश उतना ही जाता था जितना लाभ वास्तव में होना था। उस काल में भी कार्य हेतु पूँजी जुटाने के लिए कंपनियाँ बैलेंस-शीट अपने तरीके से सजाती थीं, पर अल्फ्रेड इससे दूर ही रहते थे।

जीवन भर व्यावसायिक झटकों को झेलते रहने के कारण उनकी समझ में भी परिवर्तन हो चला था। सफलताओं के साथ समानांतर असफलताओं का स्वाद चखने के कारण वे दोनों से ऊपर उठ चुके थे। लगातार दुर्घटनाएँ देखने और झेलने के कारण उनकी संवेदनशीलता भी गिर गई थी।

पर साथ-साथ वे यह भी सोचते थे कि इन सभी कारणों से वे समय से पूर्व ही बूढ़े होते जा रहे हैं। मुनाफा बढ़ने के कारण अंशधारक प्रसन्न थे और शिकायत नहीं करते थे। समय के साथ अल्फ्रेड ने कंपनियों के रोजाना के काम-काज में भी हस्तक्षेप कम कर दिया था। केवल आर्थिक या तकनीकी सवालों पर ही वे पूछताछ करते थे।

धन बढ़ रहा था। प्रतिष्ठा भी बढ़ती ही जा रही थी। अल्फ्रेड अब व्यक्ति कम और संस्था अधिक माने जा रहे थे। वे अपने स्वयं के निर्णय पर ज्यादा भरोसा करते थे और इस कारण शेष लोगों से कटते चले जा रहे थे। इससे अन्य लोगों का उन पर अविश्वास बढ़ रहा था। वे भी लोगों पर पैनी नजर रखते थे। खासतौर पर उन लोगों पर विशेष नजर रखते थे, जो लालच

के दायरे में आ सकते हैं।

उनका मानना था कि स्वार्थ लोगों के कार्य को प्रभावित करता है। वह काल पूँजीवाद के उदय का काल था और लोग पैसे के पीछे भाग रहे थे। उसी काल में उनके आविष्कारों एवं उत्पादों की नकल भी प्रारंभ हो गई थी और एक मिलता-जुलता विस्फोटक नाइट्रोलियम बाजार में आ गया था। अन्य लोग भी ऐसा ही प्रयास कर रहे थे।

अल्फ्रेड की निराशा इस बात से भी झलकती है कि उन्होंने मान लिया था कि व्यवसाय में झूठ बोलना अब आवश्यकता बन चुका है। वे स्वयं भी एक सीमा के अंतर्गत रहते हुए झूठ को बरदाश्त करने का प्रयास भी कर रहे थे।

पर वे बढ़ते धन से अप्रभावित ही बने रहे। एक ओर धन बढ़ रहा था तो दूसरी ओर उनकी मानसिक और आध्यात्मिक वृद्धि हो रही थी। पर निराशा भी कम होने का नाम नहीं ले रही थी। उनके पत्रों से यह झलक भी मिलती है कि कई बार वे यह भी जानने का प्रयास करते थे कि उनके वास्तविक मित्रों की संख्या क्यों नहीं बढ़ रही है।

□

लुडविग नोबल का भाइयों से संबंध

सन् 1860 में जब इमानुएल नोबल ने अपनी कंपनी कर्जदारों के हवाले की तो उन्होंने लुडविग को उसका प्रमुख बनाया। लुडविग को हिचकिचाहट थी, क्योंकि उससे बड़ा रॉबर्ट था और उसकी भावनाओं को चोट पहुँच सकती थी।

अल्फ्रेड नोबल बड़े भाई लुडविग के साथ

लुडविग को न केवल मशीनों से काम लेने में महारत हासिल थी वरन् लोगों से काम लेने में भी वह कुशल था और यह गुण जीवन भर उसके काम आया। दो वर्षों में ही उसने कंपनी का कायाकल्प कर डाला; पर तभी कर्जदारों ने बताया कि उन्होंने एक रूसी व्यवसायी को वह कंपनी बेच दी है।

पर चतुर लुडविग ने 5,000 रूबल उस राशि में से बचा लिये थे, जो कर्जदार उसे वेतन के रूप में देते थे। इस राशि से उसने एक दुकान जैसी कंपनी खोल ली। यह कंपनी प्रगति करती रही और इसमें सैन्य क्षेत्र के लिए तोपों, बंदूकों, सुरंगों का निर्माण होता रहा और नागरिक क्षेत्र के लिए भाप से

चलनेवाले हथौड़े, हाइड्रॉलिक प्रेस आदि बनते रहे। इस काम में उसकी रॉबर्ट ने भी सहायता की और अल्फ्रेड ने भी, जो पास में ही एक छोटे से अपार्टमेंट में रहते थे तथा उनके रसोईघर में छोटे-छोटे प्रयोग होते थे।

समय के साथ लुडविग ने रूसी सैन्य अधिकारियों से मधुर संबंध विकसित कर लिये। जब ज्यादा क्रय आदेश आए तो और कर्मचारी भी रख लिये। उसने बड़ी-बड़ी तोपगाड़ियाँ, ग्रेनेड आदि भी बनाना प्रारंभ कर दिया। उनका कारोबार बीस वर्ष में आठ गुना बढ़ गया।

सन् 1858 में लुडविग ने अपने मामा की लड़की मीना अहसेल से विवाह कर लिया। अगले ही वर्ष वह पिता भी बन गया। उसके बेटे का नाम इमानुएल नोबल रखा गया।

रॉबर्ट नोबल

रॉबर्ट नोबल का विवाह फिनलैंड के धनी व्यवसायी की पुत्री पॉलीन से हुआ। पहले वे सेंट पीटर्सबर्ग में रहते रहे, पर पॉलीन को वह जगह पसंद नहीं थी। फिर वे हेलसिंकी में रहने चले गए।

अपने ससुर की सहायता से रॉबर्ट ने ईंटों व टाइलों का कारोबार प्रारंभ किया। वह मिट्टी का तेल व उसके लैंप भी बेचने लगा। बिजली के अभाव में उस समय यह बहुत बड़ा कारोबार था। पर रॉबर्ट को हमेशा लगता रहा कि वह अपने भाइयों की तुलना में कमजोर है और उसके मन में कड़वाहट पनपती रही।

जब अल्फ्रेड ने विंटर बे में अपना कारोबार स्थापित किया तो रॉबर्ट से आग्रह किया कि वह नाइट्रो-ग्लिसरीन को फिनलैंड में बेचने का दायित्व सँभाल ले। रॉबर्ट ने यह स्वीकार कर लिया और अपना व्यवसाय बेच दिया। उसने हेलसिंकी के बाहर एक कारखाना स्थापित किया।

पर तभी जार ने सूचित किया कि फिनलैंड में विस्फोटकों के निर्माण पर प्रतिबंध लग गया है। अतः मजबूरन रॉबर्ट को अपना कारोबार समेटना पड़ा।

अब रॉबर्ट को गहरा आघात लगा। वह मानसिक रोग का शिकार हो गया। अल्फ्रेड ने उसे विंटर बे में ही प्रबंध निदेशक के पद पर नियुक्त

किया। तीन वर्षों तक उसने यह कार्यभार भी सँभाला, पर तभी स्पष्ट हो गया कि उसे लोगों के साथ व्यवहार करने में परेशानी है। अल्फ्रेड के साझीदारों व निवेशकों से भी उसका विवाद बना रहा।

सन् 1870 में रॉबर्ट इकतालीस वर्ष की आयु में एक ऐसे पड़ाव पर खड़ा था, जहाँ पर उसके समक्ष यह प्रश्न था कि वह करे तो क्या करे। लुडविग ने प्रस्ताव किया कि वह उसके यंत्र संबंधी व्यवसाय में साझीदार बन जाए और सेंट पीटर्सबर्ग आ जाए। तब तक लुडविग की पत्नी का देहांत भी हो गया।

लुडविग ने अपने कारोबार का प्रबंधन अपने बड़े भाई रॉबर्ट को सौंपा और अपनी दूसरी पत्नी एडला कोलीन के साथ हनीमून पर चला गया। उसका हनीमून सात महीने तक चलता रहा।

सन् 1872 में लुडविग नोबल ने एक रूसी व्यवसायी के साथ साझेदारी में बंदूक बनाने का एक कारखाना लगाया। प्रारंभ में रॉबर्ट को इस काम में रुचि नहीं थी, पर बाद में वह दिलचस्पी लेने लगा। उसने उस कारखाने का प्रबंधन ऐसा चलाया कि कामगार भी प्रसन्न हुए और उनका रहन-सहन भी बेहतर हुआ। वह इलाका पहले दरिद्र माना जाता था। रॉबर्ट को इस सुधार का पूरा श्रेय मिला। लुडविग ने उसे अन्य राइफल कारखानों का अध्ययन करने के लिए भी कहा। साथ ही राइफल की बट्ट के लिए बेहतर लकड़ी तलाशने व खरीदने के लिए भी कहा।

रॉबर्ट ने ईमानदारी से यह कार्य किया। उसने स्विट्जरलैंड व ऑस्ट्रिया की राइफल फैक्टरियों का अध्ययन किया। वह पेरिस भी गया और अल्फ्रेड की राय ली। उस समय अर्थात् सन् 1873 तक अल्फ्रेड के 12 डायनामाइट कारखाने चल रहे थे। अल्फ्रेड अपने पेरिस स्थित भावी मकान के चयन में लगे हुए थे।

पर अल्फ्रेड ने समय निकालकर रॉबर्ट से गंभीरता से चर्चा की और राइफल निर्माण के तरीकों, मशीनरी तथा प्रयोग होनेवाली लकड़ी पर अपनी राय दी।

मार्च 1873 में एक नाव की यात्रा के दौरान रॉबर्ट को बाकू के तेल के क़ुओं के बारे में जानकारी मिली। वह पहले भी हेलसिंकी में रूसी तेलों का

आयात करता रहा था। उसका मन इस व्यवसाय को करने के लिए मचलने लगा और उसने बाकू के पास केरोसिन का कारखाना लगाने की इच्छा अपने छोटे भाई लुडविग के समक्ष रखी।

लुडविग ने अपने बड़े भाई की इच्छा का सम्मान किया और आवश्यक पूँजी देने का भी वचन दिया। बढ़े हौसले के साथ रॉबर्ट नोबल बाकू रवाना हुआ, जहाँ उसने देखा कि तेल तो पर्याप्त मात्रा में है, पर निकालने के तरीके न केवल पुराने हैं वरन् सीमित हैं। चमड़े के बैगों में भरकर उसे ले जाया जाता है, जहाँ आगे उसका परिशोधन होता है।

रॉबर्ट नोबल ने पहले-पहल तेल के आवागमन की समस्या का अध्ययन किया और अल्फ्रेड से चर्चा करने के बाद तय किया कि क्यों न इसे पाइप लाइनों के माध्यम से ले जाया जाए।

पर उस समय ताँगे जैसे वाहनों में तेल ले जाना तात्कालिक रूप से सस्ता पड़ता था। पूरी-की-पूरी पाइप लाइन बिछाने में लागत बहुत ज्यादा लगती थी। इलाके में कोई रेल लाइन नहीं थी। बीच में वोल्गा नदी थी, जो साल में चार महीने तो पूरी-की-पूरी जमी ही रहती थी।

पर कुछ सोचकर रॉबर्ट ने तेल के कुएँ व रिफाइनरी खरीद ही डाली। उसका मानना था कि नीचे तेल का बड़ा खजाना भरा है। अब पैसा लगाने के लिए उसने छोटे भाइयों की तरफ मुँह किया।

अल्फ्रेड इतनी दूर जाकर स्थिति का आकलन करते, यह संभव नहीं था। आकलन के बिना पैसा लगाना उनके सिद्धांत के विपरीत था। लुडविग ने बड़ी मुश्किल से अप्रैल 1876 में समय निकाला और बाकू गया।

लुडविग ने स्थानीय गवर्नर, जो रूसी जार का भाई था, से व्यावसायिक चर्चा की। सौभाग्यवश गवर्नर नोबल भाइयों की कुशलता से अवगत था। अतः उसने भी इस कार्य हेतु आवश्यक सहयोग और निवेश करने का निर्णय किया।

अंततः लुडविग की राय से तेल के कुओं से रिफाइनरी तक सात मील लंबी पाइप लाइन बिछाने का निर्णय हुआ। अब लुडविग ने अल्फ्रेड से इस योजना की सफलता के बारे में पुष्टि की। इसके बाद ही नोबल भाइयों ने खोए हुए रूसी साम्राज्य पर फिर कब्जा किया और अल्फ्रेड ने भी आगे

बढ़कर रूस में अपना डायनामाइट बेचने का निर्णय किया।

उनकी यह भी इच्छा थी कि रूस में विस्फोटकों का कारखाना खोला जाए; पर उसी बीच रूसी जार के भोजन कक्ष में डायनामाइट का विस्फोट हो गया। जाँच के दौरान पता चला कि यह अल्फ्रेड की एक यूरोपीय कंपनी से आया था।

□

रूस में तेल साम्राज्य

इसके साथ ही लुडविग द्वारा कर्ज के रूप में दी गई धनराशि से रॉबर्ट ने अपने तेल के कुओं के पास रिफाइनरी लगाई। तेल के परिशोधन की तकनीक में रॉबर्ट ने महत्त्वपूर्ण सुधार किए। इससे उन्हें अपने प्रतिस्पर्धियों की तुलना में लाभ हुआ। धीरे-धीरे परंपरागत तरीकों की तुलना में उनका परिशोधन दस गुना हो गया। उनका परिशोधित तेल अन्य की तुलना में अधिक शुद्ध था और वह अमेरिकी तेल की टक्कर लेता था।

ज्यों-ज्यों रॉबर्ट लुडविग का तेल उत्पादन बढ़ा, अमेरिकी तेल का वर्चस्व समाप्त होता चला गया। सन् 1883 तक अमेरिकी तेल कंपनियों द्वारा रूस का निर्यात बिलकुल बंद ही हो गया।

हालाँकि अल्फ्रेड को इस काम के संबंध में अनेक शंकाएँ अभी भी थीं; पर फिर भी तीनों भाइयों के बीच चर्चाएँ चलती रहती थीं कि किस प्रकार विश्व बाजार में उच्च कोटि का तेल लाया जाए। उधर पाइप लाइन बिछने के काम से तेल का आवागमन सस्ता और सुरक्षित हो गया था। पाइप लाइन बिछने की घटना को रूस के इतिहास में ऐतिहासिक माना गया और उसे अल्फ्रेड के डायनामाइट के आविष्कार की टक्कर का माना गया। सन् 1877 तक रूस के अंदर 200 कंपनियाँ तेल उत्पादन कर रही थीं और उनके द्वारा उत्पादित 75,000 टन तेल में से 2,500 टन रॉबर्ट की कंपनी से निकलता था।

अब लुडविग ने सोचा कि पूरे बाजार पर लंबे समय तक कब्जा बनाए रखने के लिए उसे तेल उत्पादों का बड़ा वितरक बनना होगा; पर इसके लिए लगभग 30 लाख रूबल की बड़ी धनराशि आवश्यक थी। लुडविग व

अल्फ्रेड ने लंबे मशवरे के बाद तय किया कि लोगों से भी पैसा लिया जाए और उन्हें लाभांश दिया जाए।

यह बात इस समय साधारण लगती है, पर उस समय—वह भी रूस में—यह विशेष व असाधारण बात थी। पर नोबल भाइयों ने कितनी ख्याति अर्जित कर ली, इसका अंदाजा इस बात से लगता है कि 30 लाख रूबलों की अंश पूँजी में से लगभग 12 लाख रूबल दूसरों से आ गए। लुडविग ने 16 लाख तथा अल्फ्रेड व रॉबर्ट ने 1-1 लाख रूबल ही लगाए।

यही नहीं, रूस में बिछाया गया नोबल तेल साम्राज्य कैसे फला-फूला, इसका अंदाज इस बात से लगता है कि सन् 1884 तक उस अंश पूँजी का मूल्य 150 लाख रूबल और 1917 की रूसी क्रांति के समय उसका मूल्य 2.5 करोड़ रूबल हो गया। अल्फ्रेड की सलाह पर छोटे निवेशकों का विशेष ध्यान रखा गया।

पर फिर भी रॉबर्ट नाराज

उधर नोबल भाइयों की तेल कंपनी प्रगति करती रही और रूसी निर्यात में कंपनी का हिस्सा हर मामले में बढ़ता गया, पर एक दिन सभी को घोर आश्चर्य हुआ कि रॉबर्ट नोबल बिना सूचना दिए काम पर नहीं आए। जब पता किया गया तो ज्ञात हुआ कि वे किसी स्विस स्वास्थ्य गृह में विश्राम हेतु गए हैं।

यह भी खबर फैली कि उन्हें तपेदिक हो गई है और उस समय बाकू में यह रोग आम था। पर यह सब सच नहीं था। वास्तविक कारण इस प्रकार थे—

1. रॉबर्ट का मानना था कि वह इस काम में अग्रणी भूमिका निभा चुका था और अब जब कि काम चल पड़ा था तो सभी मालिक बन रहे थे और उसे निदेशक मंडल के अंतर्गत मात्र एक स्थानीय अधिकारी के रूप में काम करना पड़ रहा था।
2. उसे लग रहा था कि कंपनी की नींव उसने रखी थी और उसके प्रतिफल के रूप में उसे मात्र 1 लाख रूबल के मुफ्त शेयर पकड़ा दिए गए, जो कि एक घोर अन्याय था और यह अन्याय

उसके छोटे, पर अधिक सफल माने जानेवाले भाई कर रहे थे।

दुःखी रॉबर्ट ने पहले एक दो-पत्र लुडविग को लिखे और फिर स्वीडन हमेशा-हमेशा के लिए चला गया। मात्र बावन वर्ष की आयु में उसने व्यवसाय से संन्यास ले लिया। पहले रॉबर्ट का परिवार एक बड़े अपार्टमेंट में रहता था, पर बाद में उसने शहर से बाहर मकान ले लिया। सन् 1896 में देहांत होने तक वह वहीं रहा।

रॉबर्ट के अचानक और इस तरह चले जाने से अल्फ्रेड और लुडविग चकराए, पर अल्फ्रेड ने रॉबर्ट को मनाने या शांत करने का विशेष प्रयास नहीं किया। लुडविग ने रूस स्थित तेल साम्राज्य सँभाल लिया। जब कभी भी उन्हें तकनीकी समस्या होती थी वे अल्फ्रेड से पत्र द्वारा भी संपर्क करते थे और किसी स्वास्थ्य गृह, खासतौर पर विएना, में मिलते भी थे।

नए-नए सुधार

अल्फ्रेड की ही तरह लुडविग नोबल भी नए-नए कामों व सुधारों के प्रति भागता रहता था। पाइप लाइन बिछने से मुनाफा भी बढ़ा और ख्याति भी मिली। इसके बाद तेल के टैंकर का विचार उठा।

पर रूसी जहाजरानी उद्योग ने उसके टैंकर के प्रस्ताव पर कोई दिलचस्पी नहीं दिखाई और मजबूरन उसे स्वीडन की ओर रुख करना पड़ा। लुडविग संकल्प का कितना धनी था, यह इस बात से झलकता है कि उसने रिकॉर्ड समय में विश्व का पहला तेल टैंकर तैयार करवाया। मई 1878 में यह टैंकर 250 टन तेल लेकर बाकू बंदरगाह पर उतरा।

इसके बाद स्वीडन के जहाजरानी उद्योग को टैंकर तैयार करने का आदेश एक के बाद एक मिलता गया। जल्दी ही ऐसे टैंकर-युक्त जहाजों की क्षमता 38,000 टन हो गई। जहाजरानी उद्योग के पास अगले छह वर्षों तक के लिए कार्य एकत्रित हो गया। यह प्रगति रुकी नहीं और सन् 1907 तक विश्व में 276 तेल वाहक जहाज थे, जिनमें 136 रूस के ही थे।

हालाँकि भाई रूठकर दूर देश चला गया था, पर लुडविग नोबल ने अपने पहले जहाज का नाम रॉबर्ट नोबल के नाम पर रखा। अल्फ्रेड के नाम पर वह दूसरे जहाज का नामकरण करना चाहता था, पर अल्फ्रेड ने सख्ती से

मना किया। उसका तर्क भी रोचक था। उसके अनुसार, जहाज (शिप) स्त्रीलिंग होता है और नया जहाज तो सुंदर व आकर्षक होता है। उसका नाम एक बूढ़े खूसट के नाम पर रखना उचित नहीं है।

अल्फ्रेड की ही तरह लुडविग नोबल का कारोबार भी बहुत बढ़ गया। मोटे तौर पर इसके तीन भाग थे—

1. बाकू स्थित तेल उत्पादन।
2. सेंट पीटर्सबर्ग स्थित मशीनरी बनाने का कारखाना।
3. इसिवेस्क स्थित राइफल कारखाना।

कई बार लुडविग ने अपनी कंपनियों को मिलाने की भी सोची। सन् 1882 की गरमियों में लुडविग ने अपने रूसी व्यावसायिक मित्रों व परिचितों को लिखा कि उन्हें बाकू में चल रहे तेलशोधक कारखाने को देखकर अत्यंत प्रसन्नता होती है। इसका एक कारण यह भी था कि वे कच्चे तेल के परिशोधन से 35 प्रतिशत तक केरोसिन प्राप्त कर ले रहे थे, जबकि उनके प्रतिस्पर्धी मात्र 20 प्रतिशत पर ही अटके हुए थे। पाइप लाइनों की वार्षिक क्षमता 40 लाख बैरल तक जा पहुँची थी। कंपनी के पास तेल के 40 कुएँ थे और 20 तेल टैंकर-युक्त जहाज थे। इसके अलावा सड़क वाहनों और रेल द्वारा खींचे जानेवाले टैंकर भी थे।

बाकू में पूरे वर्ष तेलशोधन कार्य चलता था और लुडविग नोबल अपने कर्मचारियों को न केवल अच्छे कार्य हेतु वातावरण दे रहे थे वरन् उनके साथ मुनाफा बाँटने की चर्चा भी करते थे, जो कि उस समय नई चीज थी।

इस बात का रूसी उद्योगपतियों की ओर से विरोध हुआ, पर लुडविग अटल रहे। कारखाने में कर्मचारियों को औसत से अच्छा और समय पर वेतन दिया जाता था। कामगारों के लिए रहने हेतु मकान भी बनाए गए और बच्चों के पढ़ने हेतु स्कूल, पुस्तकालय, अस्पताल व मनोरंजन केंद्र भी बनाए गए। सन् 1880 में पहला टेलीफोन लग गया था और बाद में कर्मचारियों को भी यह सुविधा मिल गई।

जल्दी ही रोजगार के मामले में नोबल कंपनी की ख्याति रूस में राष्ट्रीय स्तर की हो गई थी और रोजगार पानेवालों की उनके यहाँ लंबी-लंबी

लाइनें लगी रहती थीं। पर केवल वयस्कों को ही रोजगार दिया जाता था। काम के घंटे रोजाना चौदह से घटाकर साढ़े दस कर दिए गए थे। इस बात से प्रेरित होकर वित्त मंत्री ने भी काम के घंटे घटाने का प्रयास किया, पर वे सफल नहीं हुए और उन्हें हटा दिया गया।

नोबल कंपनी के कर्मचारी अपने आपको नोबलाइट कहते हुए गौरव की अनुभूति करते थे। पर लुडविग के प्रतिस्पर्धी उससे बहुत चिढ़ते थे। अल्फ्रेड के विपरीत, वह अपने सहकर्मियों से मिलना और बात करना पसंद करता था। एक रूसी अखबार के अनुसार, उसका नाम श्रेष्ठ ईमानदार तेल व्यवसायियों में गिना जाता था।

□

भाई से नाराज

अल्फ्रेड को अकसर लगता था कि उन्होंने तेल उद्योग को उतना महत्त्व क्यों नहीं दिया। उन्हें लग रहा था कि केरोसिन लैंप अब घर-घर की वस्तु बन चुके हैं। उन्होंने बाकू के तेल साम्राज्य में जो धन लगाया था वह सफलता की आशा से नहीं वरन् अपने भाइयों रॉबर्ट और लुडविग को सशक्त करने के लिए लगाया था।

सन् 1880 के दशक में जब बाकू में नोबल उद्योग पैसा बरसाने लगा तब भी अल्फ्रेड को लगता था कि वहाँ की आर्थिक व्यवस्था में कहीं-न-कहीं कोई कमी अवश्य है। इस आशंका का एक आधार यह भी था कि उस समय भी तेल के दाम बाजार में उछलकूद मचाया करते थे। वे अल्फ्रेड के डायनामाइट के दामों की तरह नहीं थे, जिनपर बाजार के अनुसार नियंत्रण हो जाता था।

उस समय तक अल्फ्रेड की बाजार में साख इस कदर बढ़ गई थी कि वह मात्र एक मिनट की बातचीत के जरिए 10 लाख डॉलर कर्ज जुटा सकते थे। वे बाजार में उपलब्ध हुंडियाँ आदि भी खरीदते रहते थे।

उधर लुडविग की कंपनी में अकसर नकद राशि की कमी बनी रहती थी। सन् 1881 में जब लुडविग ने नए टैंकर का निर्माण आदेश दिया तो निर्माता कंपनी को अग्रिम राशि देने के लिए उन्होंने अल्फ्रेड से 6.5 लाख रूबल का कर्ज लिया। कर्ज देते समय अल्फ्रेड को काफी कष्ट हुआ, क्योंकि कुछ ही दिनों पूर्व लुडविग का एक टैंकर जहाज विस्फोट का शिकार हुआ था और दूसरा कैस्पियन सागर में आए तूफान के कारण क्षतिग्रस्त हो गया था।

इस बीच खबर आई कि लुडविग की मशीनरी बनानेवाली सेंट

पीटर्सबर्ग स्थित इकाई आगजनी का शिकार हो गई है। पता नहीं गलती से या शरारत के कारण अंतरराष्ट्रीय मीडिया के पहले पृष्ठों की सुर्खियों में आ गया कि लुडविग की बाकू स्थित तेल रिफाइनरी आग की भेंट चढ़ गई।

अब क्या था, आर्थिक जगत् में हाहाकार मच गया। जब तक लुडविग नोबल का स्पष्टीकरण आया और लोगों को उस पर विश्वास हुआ तब तक तो अनेक लोगों का कलेजा मुँह को आ चुका था। वे मान बैठे थे कि उनका पैसा तो डूब गया।

पर इस आड़े वक्त में लुडविग नोबल की एक ईमानदार उद्योगपति की छवि चट्टान की तरह अटल रही और इस छवि ने ही आए तूफान का सामना किया। प्रतिस्पर्धी दुष्ट उद्योगपति नोबल तेल उद्योग के खिलाफ परचे छपवाते रहे, पर कुछ नहीं बिगड़ा। लुडविग नोबल के विदेशी मूल का मुद्दा भी उछला, पर टाँय-टाँय फिस्स हो गया।

लुडविग नोबल का मान-सम्मान बना रहा, यह इस बात से स्पष्ट कि उन्हें पहले की ही तरह रूसी सम्मान मिलते रहे। रूस सरकार के [illegible] आदेश आते रहे और कार्यान्वित होते रहे। पर अल्फ्रेड की नाराजगी बनी रही और वे कहते भी रहे कि आर्थिक व्यवस्था लचर है, इसे ठीक करना चाहिए।

लुडविग की तमाम व्यस्तताएँ थीं, पर फिर भी उन्होंने छोटे भाई की सलाहों पर ध्यान देने की थोड़ी कोशिश तो की। उनका मुख्य ध्यान उस समय तेल के विश्व बाजार पर कब्जा करना था और इसके लिए उनका स्टैंडर्ड ऑयल तथा रॉयल डच शैल के साथ कड़ा मुकाबला चल रहा था।

जब भी तेल के दाम गिरते थे तो कमजोर अर्थव्यवस्था के कारण लुडविग को उसी रफ्तार से कम दामों पर तेल बेचना होता था और भारी घाटा होता था। कई बार प्रतिस्पर्धी जान-बूझकर तेल के दाम ऊपर-नीचे कराते थे। यूरोप में एक प्रकार का पेट्रोलियम युद्ध तो दशकों तक चला।

प्रारंभ में लुडविग ने ध्यान नहीं दिया और जब अल्फ्रेड बार-बार कहते रहे तो उन्होंने ध्यान दिया कि हर साल की बैलेंस शीट में उनपर कर्ज बढ़ता जा रहा है। अब लुडविग ने अल्फ्रेड को पत्रों के माध्यम से अपना पक्ष रखना आरंभ किया।

अल्फ्रेड का स्पष्ट मानना था कि लुडविग और उनका तकनीकी

विभाग अतियोग्य है, पर वित्त विभाग कमजोर है। उन्होंने 28 पृष्ठ के अपने पत्र में समस्या के कारणों को सामने रखकर गिना दिया और हल भी सुझाए। उन्होंने वे कारण भी बताए जिनके कारण मुनाफे के बावजूद कार्य हेतु पूँजी नहीं मिल पाती थी।

उधर रॉकफेलर परिवार की स्टैंडर्ड ऑयल कंपनी ने अमेरिका के निर्यात के 90 प्रतिशत पर कब्जा कर लिया था और पेट्रोलियम युद्ध जोरों पर था। तेल के दाम उछल-गिर रहे थे और अफवाहों की संख्या व गति बढ़ रही थी। सन् 1883 में बाकू स्थित नोबल कंपनी का मुनाफा कम हुआ और कर्ज पर ब्याज बढ़ गया।

अल्फ्रेड तीनों जीवित भाइयों में सबसे छोटे थे। उनका स्वास्थ्य खराब था, पर व्यक्तित्व जगमगा रहा था। समस्या के हल के लिए वे आगे बढ़े।

अल्फ्रेड ने कार्य के संबंध में अपना सिद्धांत रखा, जो कि व्यापार प्रबंधन का मूल मंत्र भी है। इसके अनुसार, व्यक्ति को वह कार्य बिलकुल नहीं करना चाहिए जो दूसरे बेहतर ढंग से या कम-से-कम बराबरी के स्तर पर कर सकते हैं। जो व्यक्ति सबकुछ स्वयं ही करने का प्रयास करता है, उसका शरीर घिस जाता है, आत्मा थक जाती है और वह बरबाद होने लगता है। सेंट पीटर्सबर्ग जाकर और स्थिति का जायजा लेकर उन्होंने साफ कहा कि लुडविग एक गधे की भाँति कार्य कर रहे हैं। एक दिन यह व्यवसाय दुःसाहस सिद्ध होगा और परिवार को भारी नुकसान उठाना होगा।

कुछ दिन सेंट पीटर्सबर्ग में रहने के बाद अल्फ्रेड ने भावी कार्य योजना प्रस्तुत कर दी। उन्होंने अपनी ओर से 40 लाख फ्रैंक का कर्ज कम ब्याज पर दिलवा दिया। उन्होंने यह भी आश्वासन दिया कि जब भी नए शेयर कंपनी बाजार में लाएगी तो वे खरीदेंगे। उस समय तेल कंपनी 20-25 प्रतिशत लाभांश शेयरधारकों को बाँट रही थी। अल्फ्रेड ने सुझाव दिया कि इसे घटाकर 2 प्रतिशत कर दिया जाए।

रूसी सरकार द्वारा आवश्यक उत्पादन कर की देनदारी के लिए उन्होंने अपने रूसी सरकार के बांड जमानत के रूप में रख दिए, ताकि कंपनी पर हर समय बोझ न पड़े और वह सुविधानुसार चुकाए।

अंतिम कदम, जो अल्फ्रेड ने उठाया, वह था उनके अपने और

लुडविग के शेयर जमानत के रूप में रखे गए और रूस के राष्ट्रीय बैंक से 10 लाख रूबल का कर्ज लिया गया। इतने महत्त्वपूर्ण आर्थिक परिवर्तनों के बाद भी अल्फ्रेड को संतुष्टि नहीं थी और डर था कि कहीं घाटा न हो जाए। उन्हें लग रहा था कि रॉकफेलर तथा रॉथ्सचाइल्ड की कंपनियाँ ज्यादा सशक्त हैं। वे फिर से झटके देती रहेंगी; पर लुडविग को विश्वास हो गया कि अब कंपनी मजबूत हो गई है। अगले बोर्ड के चुनावों में उन्होंने अल्फ्रेड को उच्च पदों के लिए जितवाया। अब तक तेल कंपनी केवल लुडविग की कंपनी मानी जाती थी, पर अब वह भ्रम टूटता गया।

तेल कंपनियों के अलावा नोबल भाइयों में अब कुछ भी साझा नहीं बचा था। कई बार होटल में साथ खाना खाने के बिल कुछ सौ क्राउन के होते थे, पर वे पत्र द्वारा उनका भी बँटवारा कर लेते थे।

पर अल्फ्रेड ने जो कर्ज सन् 1883 में तेल कंपनी को दिया था, उसे उसी वर्ष चुकाया जाना था, पर वह चुकाया नहीं गया। अल्फ्रेड को चिंता हुई। उधर लुडविग के काम करने का ढंग वही था। वह दूसरों पर कुछ भी नहीं छोड़ता था। विरोध-स्वरूप अल्फ्रेड ने निदेशक मंडल से त्यागपत्र दे दिया। अल्फ्रेड ने बार-बार कहा कि अब हमें केवल मानसिक कार्य करना चाहिए तथा यांत्रिक कार्य औरों को सौंपना चाहिए।

लुडविग ने देखा कि अल्फ्रेड के प्रयासों से आर्थिक परिणाम बेहतर आए, पर यदि कर्ज चुका दिया जाता है तो वही पहलेवाली हालत हो जाएगी। उलटे उसने अब कंपनी के विस्तार की योजना बनाई। अल्फ्रेड ने चेतावनी दी कि अब कर्ज नहीं मिलेगा, पर लुडविग ने परवाह नहीं की।

लोगों को लगा कि अब भाइयों का झगड़ा बढ़ेगा और शायद अल्फ्रेड अपने तेल कंपनी के शेयर बाजार में बेच दें। पर अल्फ्रेड का विरोध मौखिक व लिखित ही रहा। शेयर बेचने की जगह उन्होंने कंपनी को आर्थिक रूप से और सहयोग दिया। पर समझाने का प्रयास वे लगातार करते थे। उधर प्रतिस्पर्धी कंपनियाँ रूस के घरेलू तेल बाजार में घुसपैठ करती चली गईं। अब लुडविग नोबल ने रॉथ्सचाइल्ड से समझौते की संभावनाओं को तलाशना प्रारंभ किया।

□

भाई का बिछोह

रॉथ्सचाइल्ड कंपनी का कार्यालय पेरिस में था, जहाँ इसके प्रमुख अल्फोंस रॉथ्सचाइल्ड बैठते थे। वे कितनी बड़ी हस्ती थे, इसका अंदाजा इस बात से लगाया जा सकता है कि फ्रांस-पर्सिया युद्ध के परिणामस्वरूप फ्रांस के ऊपर 500 करोड़ फ्रांक की देनदारी आ गई थी। पर अल्फोंस की सहायता से फ्रांस ने हर्जाने की वह रकम चुका दी।

रॉथ्सचाइल्ड वंश एक पुराना वंश था, जिसकी जड़ें बड़ी गहरी थीं। यह वंश मूलत: फ्रैंकफर्ट का था और अठारहवीं व उन्नीसवीं सदी में यह परिवार सरकारी कर्जों के जमानतदार की भूमिका निभाया करता था। इस वंश के संबंध अनेक देशों की सरकारों से रहे।

बढ़ती प्रतिस्पर्धा से परेशान होकर जब लुडविग नोबल ने रॉथ्सचाइल्ड परिवार के साथ व्यावसायिक साँठ-गाँठ करने का फैसला किया तो इसके लिए होनेवाली बातचीत में अल्फोंस ने स्वयं हिस्सा नहीं लिया और अपने रूसी विशेषज्ञ जूल्स आरोन को भेजा।

रूसी विशेषज्ञ ने बातचीत को प्रोत्साहित किया और कंपनियों के संभावित विलय के बारे में भी उल्लेख किया। पहली बातचीत के बाद वार्त्ता की एक लंबी शृंखला चली और लुडविग नोबल की ओर से दो प्रतिनिधियों—बेलियामिन व लागरवाल भाग लेते रहे।

अल्फ्रेड से चर्चा के पश्चात् लुडविग ने अपने वार्त्ताकारों के माध्यम से प्रस्ताव किया कि रॉथ्सचाइल्ड उनकी कंपनी के एक-चौथाई शेयर ले ले। लुडविग को आशा थी कि अगले कुछ वर्षों में उनकी कंपनी को 50 लाख रूबल की आवश्यकता होगी, अत: शेयर पूँजी को 1.5 करोड़ रूबल से 2

करोड़ रूबल तक ले जाना आवश्यक है।

पर बातचीत के बीच में रॉथ्सचाइल्ड ने झटका दिया। नोबल के प्रतिनिधि तीन सप्ताह तक पेरिस में डेरा डालकर वापस लौट गए, क्योंकि एक पारिवारिक बीमारी का बहाना बनाकर आरोन ने मिलने से इनकार कर दिया। आरोन के स्थान पर जिस व्यक्ति ने बात की उसने साफ कह दिया कि रॉथ्सचाइल्ड तभी विलय करता है जब उसे बहुमत लायक शेयर मिलते हैं। उसने यह भी जताने का प्रयास किया कि रॉथ्सचाइल्ड एक बहुत बड़ी आर्थिक शक्ति है, पर नोबल के प्रतिनिधियों ने भी साफ कह दिया कि बाकू में उनका रोजाना का तेल उत्पादन 32 टन है और रॉथ्सचाइल्ड के बड़ी शक्ति होने की कोई चिंता उन्हें नहीं है। ऐसा लगा कि बातचीत टूट गई, पर तभी आरोन का तार आया कि अल्फोंस स्वयं गंभीरता से मामले पर विचार कर रहे हैं और लुडविग नोबल से मिलने के लिए पेरिस पधारेंगे। पर इस बार लुडविग ने बीमारी का बहाना बनाया और टाल गए।

पर नोबल कंपनी का आर्थिक स्वास्थ्य बिगड़ने लगा। कंपनी ने सन् 1885 में मात्र 3 प्रतिशत लाभांश दिया और 1886 में तो एक पैसा भी नहीं दे पाई। यूरोप के आर्थिक बाजार में लुडविग नोबल की तेल कंपनी चर्चा का विषय बन गई।

कंपनी की आर्थिक दुर्दशा इतनी ज्यादा खराब हो रही थी कि अल्फ्रेड भी आगे पैसा लगाने में हिचकिचा रहे थे। कंपनी को बेचना भी एक कठिन कार्य था, क्योंकि रूसी सरकार इसकी अनुमति नहीं देती।

परिस्थितियों का लाभ उठाकर स्टैंडर्ड ऑयल कंपनी ने लुडविग की कंपनी ब्रैनोबल के शेयर खुले बाजार से उठाने प्रारंभ कर दिए, ताकि कंपनी पर कब्जा हो जाए।

उधर अल्फ्रेड, जो अब तक के संघर्ष से थक चुके थे और व्यवसाय से अवकाश लेने की सोच रहे थे, को बड़े भाई लुडविग के बीमार होने का समाचार मिला। उन्हें इस बात की आशंका पहले से ही थी और वे इस बारे में सावधान करते रहते थे। उन्हें लुडविग के आर्थिक प्रबंधन पर बिलकुल भी विश्वास नहीं था। इसके कारण वे सीधा नुकसान भी उठा रहे थे। रूस में डायनामाइट व्यवसाय से उन्हें मात्र 7.5 लाख मार्क मिल रहे थे, जबकि

इंग्लैंड व फ्रांस से इसका कई गुना प्राप्त हो रहा था। इस संबंध में वे कई पत्र लुडविग को लिख चुके थे।

लुडविग नोबल का स्वास्थ्य इन बातों को नहीं झेल पा रहा था। हृदय रोग व श्वास रोग दोनों शरीर को जकड़ते जा रहे थे। उधर दोनों प्रतिस्पर्धी रॉथ्सचाइल्ड और रॉकफेलर कंपनी को हड़पने में जुटे थे। वे अपने विश्वस्त प्रतिनिधियों को भेजकर कंपनी की वास्तविक जाँच करवा रही थीं, ताकि सही बोली लगाई जा सके।

लुडविग नोबल पर संकट के बादल गहराते जा रहे थे। धन की तलाश में कंपनी ने तेल उत्पादन बढ़ाया था, जिससे दाम गिरे। उधर रूसी मुद्रा रूबल धराशायी हो गई। अब बाहर से कर्ज जुटाना असंभव हो गया था और धैर्यवान् शेयरधारक भी शेयर बेचते जा रहे थे।

चिकित्सक लुडविग के स्वास्थ्य की स्थिति पर चिंता कर रहे थे, पर लुडविग मन कड़ा करके किसी तरह कंपनी को खींचने की ठान चुके थे।

पर विपत्तियाँ तो पहाड़ की तरह टूटती हैं। डॉक्टरों ने साफ कह दिया कि रोग साधारण नहीं है। लुडविग नोबल तपेदिक के शिकार हो चुके हैं। अब कोई रास्ता नहीं था। आठ वर्ष पूर्व बड़े भाई रॉबर्ट ने रूठकर व्यवसाय से संन्यास लिया था। अब लुडविग ने बीमारी के कारण संन्यास लिया और कंपनी की बागडोर अपने उनतीस वर्षीय बेटे इमानुएल नोबल को सौंप दी।

दो महीने तक लुडविग बिस्तर पर पड़े रहे। इसके बाद उन्हें पेरिस ले जाया गया, जहाँ डॉक्टरों ने पाया कि उनका हृदय रोग बहुत बढ़ चुका है। मात्र सत्तावन वर्ष की आयु में लुडविग नोबल का देहांत हो गया। उनका शव सेंट पीटर्सबर्ग लाया गया।

□

भतीजे पर भारी जिम्मेदारी

लुडविग नोबल के देहांत पर एक फ्रांसीसी समाचार-पत्र ने शायद गलती से छाप दिया कि अल्फ्रेड नोबल का देहांत हो गया है। डायनामाइट के आविष्कारक तथा तोपों के लिए नए बारूद का आविष्कारक होने के कारण अल्फ्रेड नोबल को उनके जीवनकाल में ही खुलेआम 'मौत का सौदागर' कहा जाता था।

मृत्यु का समाचार देते हुए उस अखबार में लिखा गया कि लोगों का कत्ल करने और चिथड़े-चिथड़े उड़ानेवाली सामग्री का आविष्कार करके अनाप-शनाप दौलत कमानेवाले अल्फ्रेड नोबल का देहांत हो गया।

जीवन भर मानव-कल्याण में अपना तन व मन लगानेवाले और बड़ी-बड़ी धनराशियाँ दान करनेवाले अल्फ्रेड जब अपनी प्रयोगशाला में काम कर रहे थे तभी उन्हें यह अखबार पढ़ने को मिला और इसे पढ़कर वे सिर पकड़कर बैठ गए। उनकी आँखों के सामने वह परिदृश्य आ गया, जो कि उनकी वास्तविक मृत्यु होने पर आने वाला था। उन्हें कितनी पीड़ा हुई होगी, इसका केवल अनुमान ही लगाया जा सकता है। उनके लिए उनके बड़े भाई का दुःख ही बहुत बड़ा दुःख था। ऊपर से अखबार में छपी श्रद्धांजलि ने उनका कलेजा छलनी कर दिया था। उधर डॉक्टरों ने अल्फ्रेड और रॉबर्ट दोनों को सख्त हिदायत दी कि वे सेंट पीटर्सबर्ग की यात्रा न करें। दोनों का स्वास्थ्य इस लायक नहीं था कि वे इतनी लंबी रेल यात्रा कर सकें। वास्तव में सेंट पीटर्सबर्ग बहुत दूर था।

पर बाद में अल्फ्रेड को थोड़ी राहत हुई, जब उन्होंने समाचार-पत्र में पढ़ा कि लुडविग नोबल की शवयात्रा में बहुत लोग शामिल हुए। 2,000

लोगों ने श्मशान गृह में होनेवाली रस्म में भाग लिया। व्यवस्था बनाए रखने के लिए पुलिस को चौकसी करनी पड़ी।

पर अल्फ्रेड के लिए यह संतोष की बात थी कि उनका भतीजा इमानुएल नोबल भी एक योग्य युवक था। जब सन् 1881 में वह मात्र बाईस वर्ष का था, तभी उसके पिता ने ब्रेनोबल तेल कंपनी में उसे वित्त प्रबंधक नियुक्त किया था। अल्फ्रेड को वित्तीय मामलों में लुडविग से अधिक इमानुएल पर विश्वास था।

उनतीस वर्षीय इमानुएल जिसे कुछ वर्षों का ही अनुभव था, के कंधों पर पूरे औद्योगिक साम्राज्य का दायित्व आ गया। वह अपने छह छोटे भाई-बहनों का अभिभावक भी बन गया। उसका छोटा भाई कॉर्ल मात्र छब्बीस वर्ष का था और उसे सेंट पीटर्सबर्ग स्थित मशीनरी कारखाने के प्रबंधन का दायित्व सौंपा गया।

इमानुएल लगातार अपने चाचा अल्फ्रेड से सलाह लेता रहा। अल्फ्रेड को भी उस पर काफी विश्वास था। उन्होंने अपनी चौथाई संपत्ति बाकू की रिफाइनरी में लगा रखी थी। जल्दी ही युवक इमानुएल नोबल भी रूस की जानी-मानी हस्तियों में गिना जाने लगा।

पर अपने पिता या दादा के विपरीत वह स्वयं को रूसी ही मानता था और स्वीडन से उसका कोई लगाव नहीं था। रूस के तत्कालीन जार भी उससे प्रभावित थे। समय के साथ इमानुएल ने रॉथ्सचाइल्ड तथा रॉकफेलर दोनों के साथ गठबंधन कर लिया था। सन् 1893 में उसे अपने छोटे भाई कार्ल की मृत्यु झेलनी पड़ी।

नोबल का तेल साम्राज्य अब विश्व का दूसरा बड़ा तेल साम्राज्य था। बाकू में उनके पास तेल के 140 कुएँ थे, जो सालाना 1.5 करोड़ टन तेल निकाल रहे थे। पूरे विश्व के तेल उत्पादन का आधा रूस में ही होता था।

उस काल में भावी रूसी क्रांति के बीज बोए जा रहे थे। ये क्रांतिकारी तेल उद्योग को अपना लक्ष्य बनाए हुए थे। जीवन भर दुःख और चुनौतियों से जूझनेवाले अल्फ्रेड को अंतिम दिनों में एक और आघात झेलना पड़ा, जब उनका दूसरा भतीजा कार्ल (इमानुएल का छोटा भाई) ज्यूरिख स्थित एक होटल में सन् 1893 में चल बसा।

अपने पिता एवं चाचा की तरह इमानुएल नोबल भी औघड़ दानी था। उसने बचपन से ही अपने चारों ओर पैसा-ही-पैसा देखा था और सारी व्यावसायिक चुनौतियाँ उसके पिता और चाचा अल्फ्रेड झेलते रहते थे। क्रिसमस के अवसर पर वह अपने निजी कर्मचारियों को सोने की चेन, हीरे के पिन जैसे उपहार दे देता था और इस बात पर परिवार के अन्य लोग, विशेष तौर पर उसकी पत्नी, परेशान होती थी कि इस तरह तो नौकर-चाकर बिगड़ जाएँगे। इमानुएल के विवाह के अवसर पर सभी महिला कर्मियों को हीरे के आभूषण उपहार में मिले थे।

अल्फ्रेड के जीवनकाल में ही बाकू का उनका तेल साम्राज्य पूरे रूस के लिए प्रतिष्ठा का विषय बन चुका था। सन् 1896 में रूसी जार अलेक्जेंडर तृतीय ने बाकू का दौरा किया और ब्रेनोबल कंपनी में भी आए। जार नोबल परिवार से इतने प्रभावित हुए कि उन्हीं के व्यक्तिगत अतिथि के रूप में रहे और इमानुएल नोबल से निवेदन किया कि वे रूसी नागरिकता के लिए आवेदन करें।

अल्फ्रेड को इस बात की बड़ी चिंता थी कि उनके जाने के बाद इतने बड़े तेल साम्राज्य को इमानुएल कैसे सँभालेगा। उन्होंने इमानुएल का रॉथ्सचाइल्ड एवं रॉकफेलर से समझौता कराया और तीनों ने मिलकर पूरे विश्व को आपस में बाँट लिया। स्टैंडर्ड ऑयल ने 75 प्रतिशत विश्व बाजार पर कब्जा किया और शेष विश्व रॉथ्सचाइल्ड एवं इमानुएल में बँटा।

रूसी क्रांति के बाद नोबल के तेल साम्राज्य का बुरा हाल हुआ। न केवल तेल उद्योग का राष्ट्रीयकरण कर लिया गया वरन् प्रतिष्ठित नोबल परिवार के दो लोगों को जेल में भी डाल दिया गया।

अल्फ्रेड अपने जीवन के अंतिम समय में इस खतरे को भाँप गए थे। अपने बड़े भाई रॉबर्ट को लिखे पत्र में उन्होंने लिखा था कि समाज के अंदर ही आतंक का बहुत बड़ा साम्राज्य जन्म ले रहा है। अभी यह रात के अँधियारे में काम कर रहा है, पर इसके काम की आवाज दूर-दूर तक बिखर रही है।

□

गिरता स्वास्थ्य

अल्फ्रेड को बचपन से ही सिरदर्द की शिकायत रही थी। समय के साथ यह शिकायत बढ़ती चली गई। अंतिम दिनों में तो यह स्थिति आ गई थी कि इसके कारण उन्हें कई-कई दिन तक बिस्तर पर पड़े रहना पड़ता था। सिरदर्द के दौरे के बाद वे अकसर स्वास्थ्य गृह जाया करते थे, जहाँ पर समुद्र-स्नान से उन्हें राहत मिलती थी। लगातार भाग-दौड़ व तनाव से जब उन्हें इस प्रकार की शांति और चैन मिलता था तो एक अद्भुत राहत की अनुभूति होती थी। वे अपनी भावनाओं को पत्र द्वारा सोफिया को भेजा करते थे, जिसकी चर्चा पिछले अध्याय में की जा चुकी है।

सन् 1870 के दशक के अंत में एक दिन शुक्रवार की रात थी। अल्फ्रेड का साझीदार व मित्र पॉर्ल बार्ब अल्फ्रेड को पेरिस स्थित एक स्थान पर एक महिला मैडम जूलियट आड्म के यहाँ ले गया। यह महिला विभिन्न क्षेत्रों जैसे कला, विज्ञान, साहित्य व राजनीति के सभी उत्कृष्ट लोगों को एक स्थान पर लाने और आपस में जोड़ने का काम करती थी। वह एक पत्रिका भी निकालती थी, जो कि लोकप्रिय होती जा रही थी। पर यह महिला शातिर भी थी। बदले के बारे में उसका कहना था कि इसके बारे में कभी बोलो मत, पर हमेशा सोचते रहो।

अल्फ्रेड उस महिला से मिलकर चौंके। उस समय फ्रांस की विचित्र स्थिति थी और कुछ वर्ष पूर्व फ्रांस को पर्सिया से शर्मनाक हार झेलनी पड़ी थी। उस समय जर्मनी छोटे-छोटे राज्यों में बँटा था और एकीकरण की तैयारी कर रहा था। फ्रांसीसी इससे आशंकित थे। अल्फ्रेड स्वयं फ्रांस से प्रेम करते थे, पर उनका व्यापार तो पूरे विश्व में फैलता जा रहा था।

धीरे-धीरे अल्फ्रेड जूलियट आड्म के यहाँ जाने लगे। जूलियट सन् 1867 में मात्र इकतालीस वर्ष की आयु में विधवा हो गई थी। इसके बाद उसने एक धनी बैंकर से विवाह कर लिया। पर जल्दी ही दूसरा पति भी गुजर गया। अब वह एक राजनीतिज्ञ लियो गैंबेटा के साथ उठने-बैठने लगी थी। धीरे-धीरे इस कदर प्रभावित हो गई कि उसे 'शेर' कहकर बुलाने लगी।

जूलियट की आयु तो ढल रही थी, पर वह अपने उभारों को दरशाने के लिए कसा हुआ वेलवेट का सुर्ख-लाल गाउन पहनती थी और हीरे के पिन उसके सीने की भी शोभा बढ़ाते थे और सफेद होते बालों की भी।

अल्फ्रेड नोबल को मैडम जूलियट आड्म से बातचीत करके सुकून मिलता था। जूलियट की महफिलों में स्वेज नहर तैयार करवानेवाले फर्डिनेड डी लेसप भी आते थे और प्रख्यात साहित्यकार जॉर्ज सैंड एवं विक्टर ह्यूगो भी।

वह समय भावी युद्धों की तैयारियों का भी था। लोगों को युद्धक सामाग्री में न केवल रुचि थी वरन् इस पर खुलेआम चर्चा भी होती थी। ग्रेनेड उस समय एक नया हथियार था। इसमें सुधार करके इसे और अधिक प्रभावी बनाने की चर्चा हो रही थी। ऐसा विस्फोटक पदार्थ बनाने की तैयारी हो रही थी, जो कि अति विस्फोटक हो और उससे धुआँ भी कम निकले।

अल्फ्रेड ने इस चुनौती को भी हाथ में लिया और आठ वर्षों के प्रयास के बाद सन् 1884 में ऐसा पदार्थ बना दिया। इसका पेटेंट उन्होंने तीन वर्ष बाद फ्रांस में प्राप्त किया। अल्फ्रेड ने इसका नाम 'बैलेस्टाइट' रखा, जबकि स्वीडन में इसे नोबल पाउडर के नाम से जाना जाता था। विशेषज्ञ इसे C-89 के नाम से पुकारते थे। धीरे से जलनेवाले इस पदार्थ में नाइट्रो-ग्लिसरीन, नाइट्रो-सेलुलोज तथा कैंफोर मिलाया जाता था।

इस नए विस्फोटक ने गोला-बारूद की दुनिया में क्रांति ला दी। इसके प्रयोग के लिए अल्फ्रेड को फ्रांस के फायरिंग रेंज की सुविधा मिली थी। इसके प्रतिफल के रूप में कृतज्ञ अल्फ्रेड ने इसका पेटेंट फ्रांस सरकार के हवाले कर दिया। फ्रांस सरकार ने इसे लेने से मना कर दिया, क्योंकि एक फ्रांसीसी प्रोफेसर ने मिलता-जुलता विस्फोटक तैयार कर दिया था। फ्रांसीसी सरकार इस विस्फोटक पाउडर का प्रयोग कर रही थी।

1 अगस्त, 1889 को अल्फ्रेड को इटली सरकार से 300 टन बैसेस्टाइट आपूर्ति का ठेका मिला। एविग्लियाना स्थित कारखाना इसका उत्पादन करने में सक्षम था और अल्फ्रेड ने अपने पेटेंट अधिकार बेचकर भारी धनराशि प्राप्त की।

पर इसके साथ फ्रांस में अल्फ्रेड के खिलाफ एक विवाद खड़ा हो गया। उन पर आरोप लगाया गया कि उन्होंने फ्रांसीसी सुविधाओं का प्रयोग तो किया, पर मुनाफा स्वयं रख लिया। देशभक्ति के नाम पर फ्रेंच मीडिया उनके पीछे पड़ गया। यह लगातार लिखा गया कि अल्फ्रेड ने देश की सुविधाओं का इस्तेमाल गलत ढंग से तथा निजी स्वार्थ के लिए किया।

फ्रांस सरकार ने उन पर फायरिंग रेंज का प्रयोग करने पर प्रतिबंध लगा दिया। बैलेस्टाइट के फ्रांस में निर्माण पर भी प्रतिबंध लगा दिया। पुलिस ने उनकी प्रयोगशाला पर छापा मारा और नमूनों को जब्त कर लिया।

अल्फ्रेड पर यह एक गहरा आघात था। जिस देश को वे बहुत चाहते थे और वहाँ लंबे समय से रह रहे थे, वहाँ के लोगों द्वारा उन पर शक करना उन्हें बहुत दुःखदायी लगा। उन्होंने अनेक सूत्रों से सरकार व मीडिया को यह समझाने की कोशिश की कि वे इस प्रकार के व्यक्ति नहीं हैं और न ही ऐसा काम करने की आवश्यकता है, पर उनकी कोशिश नाकाम गई।

उनके साझीदार पॉल बार्ब, जो राजनीति में भी उतरे थे और कुछ दिनों फ्रांस के कृषि मंत्री भी रहे पर वे भी इस विरोध की आँधी में कुछ नहीं कर सके। अनेक प्रभावशाली लोग, जो वर्षों से अल्फ्रेड की फ्रांस के प्रति की जानेवाली विविध सेवाओं को देख रहे थे, अल्फ्रेड के पक्ष में उँगली तक नहीं उठा सके।

निराश अल्फ्रेड को लगा कि अब इस देश में उनका दाना-पानी शेष नहीं रह गया है। देशद्रोह का सदमा उन्हें गहरे तक छलनी कर गया। □

देश-निकाले के बाद

उजड़ा मन, थका तन, पर अथाह धन लिये अल्फ्रेड नोबल सैन रिमो पहुँचे, जो एक खूबसूरत स्थान था। इटली के साथ किए गए अपने अनुबंध को भी उन्हें पूरा करना था और अब उन्होंने वहीं रहने का भी फैसला कर लिया।

यहाँ पर ताड़ के ऊँचे-ऊँचे पेड़ थे और खूबसूरत फूल सजे थे। इस घर का नाम पहले 'नेस्ट' था। पर अल्फ्रेड के मन में आया कि नेस्ट यानी घोंसला तो तब बनता है जब पंछी जोड़ा बनाते हैं। उन्होंने नाम बदलकर घर का नाम 'विला नोबल' रख दिया।

सन् 1887 में यहाँ आने के बाद ही उन्हें मृत्यु का भय सताने लगा था। उनके तमाम साथी जैसे विक्टर हयूगो भगवान् को प्यारे हो चुके थे। चौवन वर्ष की आयु में उनका कोई नहीं था और आसपास दिखनेवाले नौकर-चाकर तो वेतन के लिए काम कर रहे थे। उन्हें यह भी लगने लगा था कि उनके नौकर उन्हें और उनकी दशा देखकर दुःखी हो रहे हैं, पर वे कुछ कह नहीं पा रहे हैं।

देखनेवालों को लगता था कि वे असमय ही बूढ़े हो गए हैं और शायद रात-रात भर जागकर काटते हैं। अन्य लोगों की तरह वे जीवन के अंतिम तिहाई भाग में भावी मृत्यु के बारे में चिंता करने लगे थे।

अंतिम संस्कार पर चिंतन

इस दुनिया से वे किस कदर ऊब गए थे, यह इस बात से झलकता था कि वे चाहते थे कि मरने के बाद उनका अंतिम संस्कार शीघ्र-अतिशीघ्र

हो जाए। ईसाई तरीके से दफनाने की प्रक्रिया, जो वास्तव में यहूदी प्रक्रिया की पुनरावृत्ति है, उन्हें अत्यंत धीमी लगती थी। उन्हें लगता था कि उनके जीवनकाल में जब उनकी इतनी छीछालेदर हो रही है तो उनके मरने के बाद शव के साथ तो बहुत कुछ हो सकता है।

उन्होंने इसके लिए एक सुझाव दिया था कि उनके शव को सल्फ्यूरिक अम्ल में डाल दिया जाए, ताकि वह एक मिनट में ही गल जाए। उन्होंने अपने शरीर के लिए आवश्यक सल्फ्यूरिक अम्ल की भी गणना कर ली थी तथा लिखा था कि गरम व सांद्र 30 किलो अम्ल अन्यथा 50 किलो अम्ल पर्याप्त होगा।

अल्फ्रेड अपने आस-पास विकसित घृणा को देखकर एक प्रकार के मानसिक रोग के भी शिकार हो गए थे और उन्हें अकसर डर लगा रहता था कि कहीं उन्हें जिंदा ही दफन न कर दिया जाए।

उधर बड़े भाई रॉबर्ट नोबल बाकू स्थित व्यवसाय से संन्यास लेने के बाद से ही अवसाद की अवस्था में थे। उन्हें अपने और अपने बच्चों के स्वास्थ्य की चिंता खाए जाती थी।

जब अल्फ्रेड को पता चला कि उनके भतीजे व भतीजी बीमार हैं तो उन्होंने उन्हें अपने नए मकान सैन रिमो में बुला लिया। अच्छे-से-अच्छे डॉक्टर से उनका इलाज कराया।

□

माता से अथाह प्रेम

अल्फ्रेड अपनी माता से अथाह प्रेम करते थे। जब तक वे जीवित रहीं तब तक वे उन पर क्रिसमस तथा जन्मदिन के अवसरों पर उपहार के रूप में नकद, सामानों, शेयर, बांड आदि बरसाते ही रहते थे। कहीं से भी उन्हें मुनाफा या रॉयल्टी प्राप्त होती थी तो वे सबसे पहले अपनी माता को धन भेजते थे।

अल्फ्रेड की माँ एंड्रीयाट

माता का बैंक खाता भी बढ़ता व भरता गया और वह आशीर्वादों से अल्फ्रेड की झोली भरती रहीं। माता ही नहीं, माता के रिश्तेदार भी इस प्रेम का पूरा लाभ पाते रहे।

अल्फ्रेड को इस बात का पूरा अहसास था कि उनकी विधवा माँ को काफी अकेलापन सताता होगा। हालाँकि उन्होंने उनके लिए एक अच्छे पास-पड़ोसवाला अच्छा मकान उपलब्ध करवा रखा था और सभी भौतिक सुविधाएँ भी थीं, पर फिर भी उन्हें तसल्ली नहीं थी। अपने बड़े भाई लुडविग के देहांत पर वे भाई के

बिछोह व अपने अपमान पर तो दुःखी हुए ही, ज्यादा दुःख उन्हें इस बात पर था कि उनकी माता को उन्यासी वर्ष की आयु में इस घोर दुःख का सामना करना पड़ा।

माता एंड्रीयाट नोबल का सन् 1889 में चौरासी वर्ष की आयु में निधन हो गया। अल्फ्रेड को इस बात का गहरा दुःख था कि मृत्यु से पूर्व वे अपनी माता के अंतिम दर्शन नहीं कर पाए। अंतिम संस्कार के बाद उनके सीने में भारी दर्द होने लगा और उन्हें किसी तरह पेरिस लाया गया।

अब उन्हें लगने लगा कि वे भी ज्यादा नहीं जी पाएँगे और उन्होंने अपनी वसीयत के बारे में निर्णय करना प्रारंभ कर दिया। अपनी माता के स्मारक के लिए उन्होंने 1 लाख क्राउन अलग से रख दिए।

अपने योग्य बेटों, जिनमें से दो का कारोबार तो विश्वव्यापी था, के कारण श्रीमती एंड्रीयाट नोबल भी एक धनाढ्य महिला बन चुकी थीं। उनके जाने के बाद जो हिस्सा अल्फ्रेड को मिला, उसमें चिकित्सा संबंधी अनुसंधान हेतु एक निधि स्थापित की गई, जिसका नाम 'कैरोलिन एंड्रीयाट नोबल फंड' रखा गया। इसके अंतर्गत चिकित्सा-विज्ञान के सभी विषयों पर अनुसंधान होना था और इसका उपयोग चिकित्सा-विज्ञान की शिक्षा और इसके विभिन्न विभागों पर साहित्य-रचना दोनों के लिए किया जाना था।

अपनी माता के नाम पर उन्होंने दो अस्पतालों को बड़ी-बड़ी राशियाँ दान में दीं। इसके अलावा पेरिस में रह रहे स्वीडन वासियों को भी धर्मार्थ कार्य हेतु दान किया।

□

शेयर बाजार में दिलचस्पी

आज शेयर बाजार एक लोकप्रिय स्थान हो चुका है, जहाँ पर न केवल धनी-मानी लोग व व्यापारी वर्ग वरन् मध्यम वर्ग के नौकरीपेशा लोग भी पैसा लगाते हैं और शेयरों के उतार-चढ़ाव पर पैनी नजर रखते हैं। देश की प्रगति के अनेक पैमानों में से एक पैमाना शेयर बाजार का संवेदी सूचकांक भी है, जिसके गिरने से हड़कंप मच जाता है और यथास्थिति या बेहतर स्थिति के लिए सरकार, वित्तीय संस्थान तरह-तरह के उपाय आदि करते हैं।

पर अल्फ्रेड के जीवनकाल में यह बाजार काफी अनजाना था। अल्फ्रेड के बड़े भाई लुडविग इस बाजार में निवेश को एक प्रकार का जुआ मानते थे और दूर रहते थे। वे दूसरों को भी इस पाप की कमाई से दूर रहने की सलाह देते थे और मानते थे कि इस कार्य में वही व्यक्ति कूदता है जो अन्य उपयोगी कार्य नहीं कर पाता है।

जब लुडविग की ब्रेनोबल कंपनी आर्थिक संकट में आई तो अल्फ्रेड ने अपने भाई को सलाह दी कि वह स्टॉक एक्सचेंज में पैसा लगाएँ। अल्फ्रेड का मानना था कि शेयर बाजार कोई बुरा स्थान नहीं है और न ही यहाँ पर कोई पाप होता है। यह व्यापारी समाज के लिए उपयोगी है और इससे कंपनियों को कार्य हेतु पूँजी मिलती है। आम जनता की बचत का पैसा उद्योगों में आता है, जिससे उनका विस्तार होता है और बेरोजगारी समाप्त होती है।

वे लगातार शेयर बाजार में धन लगाते थे और जोखिम उठाते थे। पर उनके कुल धन का थोड़ा भाग ही शेयर बाजार में आता था। वे कंपनियों की

बैलेंस शीट देखकर कंपनी की कार्य-प्रणाली तथा ताकत दोनों का अंदाजा लगा लेते थे। वे यह जान जाते थे कि कंपनियों की परिसंपत्तियों का सही मान ही दर्ज हुआ है या उन्हें बढ़ा-चढ़ाकर दिखाया गया है। साथ ही, उन्होंने कभी उधार लेकर पैसा शेयर में नहीं लगाया।

सन् 1880 के दशक में दो ऐसे बाजार पेरिस में उपलब्ध हो चुके थे। बाद में जब अल्फ्रेड को पेरिस छोड़कर जाना पड़ा तो पनामा स्कैंडल उभरकर आया। इस घोटाले के कारण अल्फ्रेड के पुराने फ्रेंच साझीदार पॉल बार्ब को आत्महत्या करनी पड़ी। अल्फ्रेड ने प्रारंभ में शोक-संतप्त परिवार की सहायता की, पर बाद में जब पॉल की वास्तविकता खुलती गई तो उन्होंने अपने हाथ खींच लिये। यह भी पता चला कि बार्ब तो लॉटरी तंत्र और रिश्वत तंत्र में भी बुरी तरह उलझा हुआ है। अल्फ्रेड का पहले से ही मानना था कि उसके साझीदार की अंतरात्मा तो रबर से भी अधिक लचीली है। जब पनामा नहर घोटाले का मुकदमा सन् 1892-93 में चला तो अल्फ्रेड को ज्ञात हुआ कि पॉल बार्ब ने अल्फ्रेड से छिपाकर काफी गड़बड़ियाँ डायनामाइट कंपनी में भी की थीं। उसे उम्मीद थी कि उसका साझीदार अल्फ्रेड तो बीमार है और शायद ज्यादा न जिए।

बाद में सारी बातें खुलने पर अल्फ्रेड ने अपनी कंपनी का पुनर्गठन किया। निदेशक मंडल बदला और नया प्रबंध निदेशक चुना। पर यह सब करते हुए वे बुरी तरह थक गए और उन्हें लगने लगा कि उनके चारों ओर केवल बाधाएँ, रोड़े, दुर्घटनाएँ, लालफीताशाही एवं खलनायक छाए हुए हैं। □

शांति की तलाश में

सन् 1887 में अल्फ्रेड की पुरानी प्रेमिका अपने पति के साथ पेरिस आई। पति-पत्नी की अल्फ्रेड से लंबी चर्चाएँ हुईं और इस बार विषय विश्व शांति थी।

बर्था अनेक संगठनों के जरिए विश्व शांति के प्रयासों में जुटी थी। उधर अल्फ्रेड सन् 1885 से ही युद्ध व तनाव से बुरी तरह ऊब चुके थे। उन्होंने युद्ध को सभी खौफनाक घटनाओं में सबसे खौफनाक और सभी अपराधों में सबसे बड़ा अपराध माना है।

अल्फ्रेड नोबल : परिपक्व व्यक्तित्व

पर शांति के तरीके के बारे में उनकी सोच अलग ही थी। उन्हें लगता था कि यदि समाज के सभी वर्ग, विश्व के सभी देश पर्याप्त शक्तिशाली हो जाएँ तो अवश्य ही विश्व शांति की ओर बढ़ चलेगा। बर्था से हुई बातचीत में उन्होंने जोर देकर कहा था कि जिस दिन तोपें ऐसे गोले उगलना आरंभ कर देंगी जिनसे बचाव असंभव हो जाएगा उस दिन हर व्यक्ति, हर समाज और हर देश युद्ध छेड़ने या युद्ध की दिशा में बढ़ने से पूर्व सौ बार सोचेगा। बर्था उन दिनों विश्व शांति के सम्मेलनों में लगातार भाग ले रही थी। इस पर चुटकी लेते हुए अल्फ्रेड ने कहा कि 'मेरा

डायनामाइट का आविष्कार तुम्हारे जैसे सौ सम्मेलनों से अधिक सक्षम है।'

यह बात लगभग आधे दशक से भी अधिक समय बाद सत्य साबित हुई, जब आइंस्टाइन के सूत्र के आधार पर परमाणु बम बना और उसके बाद हुए महाविनाश से पीड़ित लोगों, मीडिया आदि ने आइंस्टाइन और उनके सहयोगी वैज्ञानिकों को कठघरे में खड़ा किया। आइंस्टाइन का उत्तर अल्फ्रेड नोबल से भिन्न नहीं था। परमाणु बम और हाइड्रोजन बम ही वे कारण थे, जिनके कारण तीसरा विश्व युद्ध नहीं हो सका, वरना शीत युद्ध में कई बार इतनी गरमाहट आ गई थी कि महायुद्ध अब हुआ कि तब हुआ।

पर आइंस्टाइन को परमाणु बम के कारण उतनी घृणा शायद नहीं झेलनी पड़ी जितनी कि अल्फ्रेड नोबल को डायनामाइट, जिलेटिन सहित अन्य विस्फोटकों के कारण झेलनी पड़ी। उस समय लोग नोबल के स्पष्टीकरण से संतुष्ट नहीं थे और उनके प्रस्तावित नोबल पुरस्कारों को भी यह कहकर छोटा बना रहे थे कि विनाशकारी पदार्थों की कमाई के बोझ से दबी अपनी आत्मा को हलका करने के लिए पुरस्कार देने का उपक्रम किया जा रहा है।

अल्फ्रेड जन-भावना से बुरी तरह आहत होकर ज्यादा-से-ज्यादा स्पष्टीकरण देने का प्रयास कर रहे थे। वे कह रहे थे कि संसार में हर चीज का दुरुपयोग किया जा सकता है। उन्होंने डायनामाइट का आविष्कार खनन उद्योग व यातायात उद्योग के लिए किया था। यदि राजनीतिज्ञ व फौजी जनरल किसी आविष्कार का दुरुपयोग करें तो उसके लिए आविष्कारक को दोषी ठहराना उचित नहीं है।

किसी भी चीज की अति उस चीज के प्रति अरुचि उत्पन्न कर देती है, जैसे मिठाई का दुकानदार मिठाई खाना पसंद नहीं करता है। युद्ध से निराकरण का अल्फ्रेड का भी यही उपाय था। उनका मानना था कि युद्ध सीमा पर लड़ रहे सैनिकों के लिए जितना दुःखदायक व जानलेवा होता है, यदि यह आम नागरिक विशेष तौर पर सुरक्षित जीवन बितानेवाले राजनीतिज्ञों के लिए भी उतना ही जानलेवा हो जाए तो वे भावी युद्ध की ओर से कदम खींच लेंगे।

अल्फ्रेड के तर्कों से बर्था कितनी प्रभावित हुई, यह तो नहीं कहा जा सकता, पर उसने अल्फ्रेड को अपने एक शांति सम्मेलन में भाग लेने,

व्याख्यान देने के लिए सहमत कर लिया। अल्फ्रेड ने इस सम्मेलन के खर्च के लिए एक छोटा सा अनुदान भी दिया।

शांति सम्मेलन से समय निकालकर बर्था अपने पति व अल्फ्रेड के साथ घूमने भी गई और नौकायन भी किया। यह नौका भी उस समय के अनुसार अनोखी थी। यह अल्यूमीनियम से बनी मोटरबोट थी।

बर्था के साथ हुई चर्चाओं में गरीबी, धार्मिक पक्षपात तथा अन्य प्रकार के अन्यायों पर भी चर्चा हुई। शांति सम्मेलन में अल्फ्रेड के व्याख्यान का कुछ प्रभाव भी पड़ा। बर्था के कहने से अल्फ्रेड ने अनेक शांति सम्मेलनों को आर्थिक योगदान किया। अल्फ्रेड का इस दिशा में उत्साह बढ़ता गया और उन्होंने यह भी सुझाव दिया कि सभी तटस्थ देशों को अपने विवादों को मध्यस्थ या पंच फैसलों के जरिए निपटा देना चाहिए। इन फैसलों को लागू करने के लिए यदि बल-प्रयोग की भी आवश्यकता पड़े तो करना चाहिए। आगे चलकर आइंस्टाइन ने विश्व सरकार की जो कल्पना की थी, अल्फ्रेड ने उसकी जमीन साठ वर्ष पूर्व ही तैयार कर दी थी।

उधर लोग अल्फ्रेड के मंतव्यों पर संदेह प्रकट करते रहे और कहते रहे कि वे अपने हथियारों व विस्फोटकों का व्यापार बढ़ाने के लिए शांति सम्मेलनों का सहारा ले रहे हैं और इधर अल्फ्रेड नोबल अपने शांति संबंधी विचारों को मूर्त रूप देने में लगे रहे। पहले उनका इरादा था कि हर पाँच वर्ष में शांति के लिए पुरस्कार दिया जाए, पर बर्था को बहुत जल्दी थी और उसकी इच्छाओं का सम्मान करते हुए अल्फ्रेड ने 14 मार्च, 1893 को घोषणा कर दी थी कि उनकी संपत्ति का 1 प्रतिशत ऑस्ट्रिया के शांति सम्मेलनों को पुरस्कार हेतु दिया जाए और यह पुरस्कार ऐसे व्यक्ति को दिया जाए जिसने इस क्षेत्र में नवीन और उल्लेखनीय कार्य किया हो।

उस समय यूरोप में कुछ वर्गों पर भारी अत्याचार हो रहे थे और अल्फ्रेड इससे त्रस्त थे। उन्होंने यूरोपीय शांति न्यायाधिकरण के गठन का भी प्रस्ताव किया था। लगभग सौ वर्ष बाद यूरोप के छोटे-बड़े देशों ने अपने मतभेद भुलाकर यूरोपीय संघ का गठन किया।

शांति प्रयासों व उनके प्रचार के प्रति अल्फ्रेड किस कदर समर्पित थे, यह इस बात से स्पष्ट है कि 7 दिसंबर, 1895 को उन्होंने अपने भतीजे

जालमार (रॉबर्ट के पुत्र) से कहा कि एक स्वीडिश अखबार को खरीदने की संभावनाओं की तलाश करे।

प्रारंभ में जालमार को लगा कि यह अखबार उसके चाचा व्यावसायिक उद्देश्य के लिए खरीद रहे हैं, पर शीघ्र ही उनके पत्र द्वारा यह स्पष्ट हो गया कि यह शांति प्रयासों को सशक्त करने के उद्देश्य से खरीदा जा रहा है। उन्हीं दिनों बर्था निरस्त्रीकरण का प्रचार कर रही थी। शायद अल्फ्रेड का उद्देश्य उसकी सहायता करना रहा हो।

□

अंतिम दिनों में अपना देश अपने लोग प्यारे

सोफिया ने एक सैन्य अधिकारी के पुत्र को जन्म दिया था। अब अल्फ्रेड का नाता उससे पूरी तरह टूट चुका था। उधर सोफिया भी आवेश में आकर नए संबंध बना तो चुकी थी, पर पुराने संबंधों को याद करके पछता रही थी और पछतावे को पत्र द्वारा व्यक्त कर रही थी। साथ ही अपने बढ़ते खर्चों को पूरा करने के लिए धन भी माँग रही थी।

उदार अल्फ्रेड ने घायल होने के बाद भी उसके प्रति दायित्व से मुँह नहीं मोड़ा था और पेंशन के रूप में 6,000 फ्लोरिन वार्षिक की व्यवस्था कर दी थी, जो कि उस समय छोटी रकम नहीं थी। पर सोफिया को तो विलासिता की लत पड़ चुकी थी। वह एक बार पैसे मँगाने के बाद पूरी बेशर्मी से दुबारा पत्र लिख देती थी। कभी जेवर खरीदने की इच्छा, कभी बीमारी का बहाना, कभी घर में एक सेंट न होने की दुहाई चलते ही रहे। हिचकिचाने के बाद अल्फ्रेड कभी आधी, कभी चौथाई फरमाइशें पूरी कर ही देते थे।

अंतिम दिनों में अल्फ्रेड का लगाव अपने सबसे बड़े भाई रॉबर्ट और उनके बेटे-बेटियों से बढ़ गया था। ये भतीजे-भतीजियाँ सन् 1891 में उनके सैनरिमो स्थित मकान में आए। उन्हीं दिनों अल्फ्रेड की आँखों में तकलीफ आरंभ हुई और उनका जीवन बाधित हुआ। दुःख में अपने लोग और ज्यादा प्यारे लगने लगते हैं।

इसी तरह जीवन के अंतिम तीन वर्षों में उनका स्वीडन के प्रति प्यार बढ़ गया था। पहले जब भी वे स्टॉकहोम जाते थे तो आलीशान ग्रांड होटल में ठहरते थे; पर जब बोफोर्स कंपनी के काम के सिलसिले में स्टॉकहोम जाने लगे तो होटल कार्ल के साधारण सूट में ठहरने लगे। उनकी आँखों की रोशनी

बहुत तेजी से गिर रही थी। वे अपनी डाक भी ठीक से नहीं देख पाते थे।

वैसे तो अल्फ्रेड का ज्यादातर समय वैज्ञानिक, आर्थिक और शांति कार्यों में ही बीतता रहा; पर उन्हें सामाजिक स्थिति की भी अच्छी-खासी जानकारी थी। जब उनकी भतीजी इंगबोर्ग ने एक युवक कार्ल से विवाह करने का निर्णय लिया तो उसके पिता रॉबर्ट ने विरोध किया। इसपर अपने बड़े भाई को समझाते हुए अल्फ्रेड ने लिखा कि जो हो रहा है, उसे स्वीकार करें। उन्होंने तर्क दिया कि अमेरिका की दो करोड़ महिलाएँ अपना विवाह तय करने से पूर्व माता-पिता की राय लेना पसंद नहीं करतीं, पर उनकी स्थिति अन्य देशों की महिलाओं से बेहतर है। उन्होंने यह भी कहा कि भतीजी का स्वास्थ्य भी ऐसा नहीं है कि आप उस पर अनावश्यक दबाव डालें। भावी दामाद का पक्ष लेते हुए उन्होंने कहा कि वह एक समर्पित युवक है।

साठ वर्ष की आयु में अल्फ्रेड बिलकुल अकेले से हो गए थे। उनकी माता, बड़ा भाई लुडविग, साझीदार व मित्र पॉल बार्ब सब भगवान् को प्यारे हो चुके थे। सोफिया से नाता बिलकुल टूट चुका था। उन्हें एक ऐसे मित्र की आवश्यकता थी, जिससे वे अपने मन की बात कह सकें।

तभी एक तेईस वर्षीय युवक उनके जीवन में आया। यह युवक एक शिक्षित इंजीनियर था, जिसने स्टॉकहोम से इंजीनियरिंग की पढ़ाई की थी और कुछ दिनों अमेरिका में ड्यूपांट की डायनामाइट कंपनी में काम कर चुका था। बाद में जब अगली नौकरी मैक्सिको में लगी तो घरवालों ने उसे इतनी दूर जाने से मना कर दिया।

सन् 1893 की गरमियों में शिकागो विश्व मेले के दौरान उसे अल्फ्रेड नोबल के व्यक्तिगत सहायक के रूप में काम करने का अवसर मिला। अक्तूबर 1893 में रेग्नर सोलमैन नामक यह युवक अल्फ्रेड के पास आया, जो उस समय पेरिस में थे और बैठे-बैठे चिट्ठी लिख रहे थे। सोलमैन ने पहली नजर में देखा, 'वे एक औसत ऊँचाईवाले व्यक्ति थे और नाक-नक्श काफी तीखे थे। माथा चौड़ा था और भौंहें घनी थीं। आँखों में गहराई थी।'

सोलमैन ने पहले तीन दिनों में पेरिस स्थित मकान एवेन्यू मालकॉफ स्थित पुस्तकालय को व्यवस्थित किया। उन्होंने वैज्ञानिक व तकनीकी पुस्तकों को विषयवार लगाया। इसी प्रकार साहित्यिक पुस्तकों को विषयवार लगाया।

पर शीघ्र ही अल्फ्रेड को लगा कि सोलमैन तो एक अत्यंत प्रतिभावान् व्यक्ति है तथा उसे और दायित्व दिए जाने चाहिए। अल्फ्रेड को सोलमैन में अपनी युवावस्था की तसवीर दिखाई देती थी। उन्होंने सोलमैन को बोफोर्स की प्रयोगशाला का कार्यभार दे दिया। निजी सचिव का दायित्व सँभालने के लिए उन्होंने सोफिया अल्सट्रॉग नामक महिला को चुना।

अपने साठवें जन्म-दिवस पर उन्होंने स्वीडन स्थित बोफोर्स मशीन वर्क्स खरीदा। उनका इरादा इस कारखाने में विश्व स्तर की तोप निर्मित करने का था। उन्हीं दिनों वे एक साथ दो परियोजनाओं पर कार्य कर रहे थे। एक था ध्वनि-रहित अर्थात् चुपके से चलनेवाली तोप और दूसरा था बिना शोर के चलनेवाला फोनोग्राफ।

सन् 1877 में थॉमस अल्वा एडिसन ने फोनोग्राफ का आविष्कार किया था और उसे सुधार की आवश्यकता थी। दोनों काम एक जैसे ही थे और अल्फ्रेड पूरी तन्मयता से उनमें जुटे थे।

अब उनका इरादा स्वीडन में ही बसने का था और वे वहीं के लिए काम करना चाहते थे। उन्होंने स्वीडन में ही अपना घर भी चुन लिया। हालाँकि स्वीडन की कड़ाके की ठंड लंबी चलती थी, जो अल्फ्रेड को इस आयु में हतोत्साहित करती थी; पर यह उन्हें वतन लौटने से रोक नहीं पाई। स्वीडन का उद्योग जगत् और यहाँ के लोग उनका स्वागत कर रहे थे। मुख्य कारण यह था कि यहाँ उद्योग लगाने से रोजगार के अवसर बढ़ रहे थे। प्रशासन इस बात से गद्गद था।

अल्फ्रेड के पास ज्यादा विकल्प भी नहीं थे। इंग्लैंड की नौकरशाही से वे प्रारंभ से ही त्रस्त थे। फ्रांस ने उनकी सेवरॉन स्थित प्रयोगशाला पर ताला लगा दिया था। अनेक अच्छाइयों के बावजूद जर्मनी में बिस्मार्क के जाने के बाद उथल-पुथल मची हुई थी।

उस समय बोफोर्स कंपनी एक परिवार की फर्म थी और दिवालिया होने के कगार पर थी। 10 लाख स्वीडिश क्राउन देकर अल्फ्रेड नोबल ने एक ही झटके में उसे पूरा ही खरीद लिया। जेलबर्ग परिवार द्वारा पूरी-की-पूरी फैक्टरी बेचने के बावजूद जोनास जेलबर्ग को कंपनी, जिसका नया नाम ए.बी. बोफोर्स था, का प्रबंध निदेशक बना रहने दिया गया।

कंपनी के सामने निम्न कार्य चुनौतियों के रूप में रखे गए—

1. धुआँ-रहित गन पाउडर के निर्माण हेतु एक प्रयोगशाला का निर्माण।
2. पाउडर तथा ग्रेनेड निर्माण के लिए छोटे पैमानों की जाँच हेतु शूटिंग रेंज तैयार करना,
3. तोप के कारखाने का विस्तार करना।

बोफोर्स कारखाने में बहुत तेजी से काम चलने लगा। नए उत्साह के साथ अल्फ्रेड जब स्वीडन आते तो आशा से अधिक अवधि तक रहते थे। उनके नए-पुराने मित्रों व सहयोगियों की मंडली जुटने लगी थी।

अपने देश में वे बहुमुखी प्रतिभावान् व्यक्ति बन गए। एक ओर यह प्रयास कर रहे थे कि उनकी तोपों के गोले किस प्रकार बख्तरबंद गाड़ियों के कवच तोड़ेंगे और दूसरी ओर अनेक शांतिपूर्ण कार्यों की परियोजनाओं को अंतिम रूप दे रहे थे। भारतीय रबर, चमड़ा, वार्निश के विकल्पों तथा निर्माण के वैकल्पिक तरीकों की तलाश भी कर रहे थे। कृत्रिम रेशम का बड़े पैमाने पर निर्माण भी उनके मन में था।

बुझने से पहले दीपक तेज जलता है। इस कहावत को चरितार्थ करते हुए अपने जीवन के सातवें दशक में और अत्यंत कमजोर स्वास्थ्य के साथ अल्फ्रेड तमाम परियोजनाओं में जुटे थे। बड़े पैमाने पर फौलाद का निर्माण भी उनके मन में था और उसके कार्यान्वयन की अद्वितीय योजना उन्होंने खड़ी कर दी।

अंतिम समय में उनकी कल्पना की उड़ानें जोर पकड़ रही थीं। वे सिनेमा तैयार करने की भी कल्पना कर रहे थे। पर उनके सहयोगी उस गति से उन्हें ग्रहण नहीं कर पा रहे थे। उनके मुख्य रसायन शास्त्री ने इस कार्य को खिलौना व्यवसाय की संज्ञा दे दी थी। काश, वे समझ पाते तो सिनेमा का जन्म बोफोर्स में ही हो जाता।

□

बोफोर्स को नया स्वरूप

अल्फ्रेड ने जब बोफोर्स कंपनी को खरीदा था तब वह एक पारिवारिक व्यवसाय मात्र था और बंद होने के कगार पर था। पूरे क्षेत्र में बेरोजगारी का आलम था।

पर ज्यों ही अल्फ्रेड नोबल ने इसे सँभाला तो लोगों में विश्वास की एक लहर दौड़ पड़ी। नए निवेश के साथ नई प्रयोगशाला का निर्माण हुआ। पुरानी टूल शॉप का पुनर्निर्माण हुआ। मशीनों को इस लायक बनाया गया कि वे बोफोर्स तोपों का निर्माण कर सकें।

अल्फ्रेड की एक अन्य प्रयोगशाला

अल्फ्रेड का मानना था कि विशेष वस्तुओं का निर्माण विशेष तरीकों से किया जाए। ऐसी गुणवत्ता उत्पन्न की जाए जो वर्तमान में उपलब्ध चीजों की छुट्टी कर दे। इसके लिए वे उत्तम कच्ची सामग्री खरीदते थे और कर्मचारियों के योगदान को भी उत्तम बनाते थे। यदि कोई अपनी जिम्मेदारी ढंग से नहीं निभाता था तो वे उसे हटाने में नहीं हिचकते थे। ऊँचे पद पर कार्य करनेवाला व्यक्ति भी यदि किसी प्रकार की बेईमानी करता था तो वे उसे कतई नहीं बख्शते थे।

पर साथ ही वे अपने कर्मचारियों की तमाम आवश्यकताओं का भी विशेष ध्यान रखते थे। वे मानते थे कि जब उनके कर्मचारियों की भौतिक जरूरतें पूरी होंगी, तभी वे संतोषजनक काम कर पाएँगे। उनके कर्मचारियों को स्वास्थ्य-सेवा, दवाइयाँ आदि निःशुल्क मिलती थीं।

अल्फ्रेड के बारे में कहा जाता था कि उनके अंदर ज्वाला छिपी हुई है। वे कड़ा परिश्रम भी करते हैं और उनके अंदर पके-पकाए विचार भी भरे पड़े हैं। उनकी ऊर्जा उनके साझीदारों को भी ऊर्जावान् बना देती थी। पर साथ ही वे यह भी नहीं प्रकट होने देना चाहते थे कि वे लचीले हैं और कुछ भी स्वीकार कर लेंगे।

अल्फ्रेड की घोड़ा गाड़ियाँ भी लोकप्रिय थीं। पेरिस में भी इनकी अलग शान थी। स्वीडन में आने के बाद उन्होंने नए घोड़े खरीदे। उन्हें देरी सहन नहीं होती थी और इसके लिए उन्होंने रूस से तीन घोड़े मँगवाए, जो तेज दौड़ते थे। उनकी घोड़ागाड़ी में बिजली की रोशनी की भी व्यवस्था थी और मडगार्डों की भी। उनकी घोड़ागाड़ी को 'डायनामाइट किंग' की घोड़ागाड़ी कहा जाता था।

अपनी आविष्कारी मनोवृत्ति का उपयोग उन्होंने अपनी घोड़ागाड़ी में भी किया था। दौड़ते समय घोड़ागाड़ी से बिलकुल आवाज नहीं निकलती थी। पहियों के नीचे उन्होंने रबर की पट्टी लगा रखी थी। पर घोड़ों की हिनहिनाहट दूर-दूर तक सुनाई देती थी। अल्फ्रेड की ही तरह उनकी घोड़ागाड़ी की भी अलग ही पहचान थी।

कार्य के प्रति समर्पण का एक और उदाहरण देखने को मिला। जब पहले-पहल अल्फ्रेड आए तो बोफोर्स तक जाने के लिए नियमित रेलगाड़ी नहीं थी। अल्फ्रेड ने स्टेशन मास्टर से कहा कि एक रेलगाड़ी चलाएँ। वे रेल द्वारा कम समय में पहुँचना चाहते हैं। स्टेशन मास्टर ने कहा, 'चल तो जाएगी, पर महँगी पड़ेगी।'

नोबल ने सादगी से पूछा, 'कितनी महँगी पड़ेगी?' स्टेशन मास्टर ने कहा, 'पचास क्राउन।' अल्फ्रेड ने बटुआ निकाला, जिसमें हजार क्राउन से ऊपर थे। शर्मिंदा स्टेशन मास्टर ने तुरंत रेल-सेवा प्रारंभ कराई।

अल्फ्रेड नोबल के ही जमाने में स्वीडन के राजा ऑस्कर द्वितीय ने

बोफोर्स कारखाने का दौरा किया।

प्रातः आठ बजे वह कारखाने में आए तो उन्हें बोफोर्स में बने गन पाउडर को गोले से तोप द्वारा सलामी दी गई। राजा ने पूरे कारखाने का दौरा किया और अल्फ्रेड तथा इमानुएल उनके साथ थे। व्याख्यान भी हुए, जिनमें राजा ने नोबल परिवार को स्वीडन की ही नहीं, विश्व की शान बताया।

□

अल्फ्रेड के घर

अल्फ्रेड का कहना था कि मेरा घर वहीं है, जहाँ मैं काम करता हूँ— और मैं सारी दुनिया में हर जगह काम करता हूँ।

इसी प्रकार वे यह भी कहते थे कि मेरी आवश्यकताएँ आम आदमी की आवश्यकताओं से ज्यादा नहीं हैं। लोगों का भी यह मानना था कि वे इतने संतोषी थे कि कुत्ते के रहने लायक घर भी यदि उन्हें दे दिया जाए तो वे उसमें भी संतुष्ट होकर रहेंगे।

पर वास्तव में स्थिति भिन्न थी। उन्होंने आलीशान मकान खरीदे और फिर उन्हें नया-नया रूप दिया। चीजों के बारे में उनकी पसंद भी दिलचस्प थी और उनकी पसंदों व मकान के बारे में रोचक गाथाएँ प्रसिद्ध हैं। ये सभी इमारतें कालांतर में लोकप्रिय हो गईं।

उदाहरण के तौर पर, वे कहते थे कि उन्हें एक अच्छे पलंग की आवश्यकता होती है, अन्यथा वे सो नहीं पाएँगे। इसी प्रकार उन्हें एक रसोइघर की आवश्यकता थी, क्योंकि उनका पेट गड़बड़ रहता था। वे अत्यंत संयमित भोजन किया करते थे। साथ ही, किताबों के लिए एक अलमारी आवश्यक थी।

आइए, नजर डालें उन मकानों पर, जिनमें अल्फ्रेड का बहुमूल्य समय बीता।

एवेन्यू मालकॉफ

सन् 1865 से 1873 के मध्य हैंबर्ग अल्फ्रेड के जीवन का मुख्य स्थल था। ज्यादातर समय वे यहीं रहे, प्रयोग किए और उनके व्यवसाय का

केंद्रबिंदु भी वहीं था।

अल्फ्रेड नोबल का सदा से आकर्षण पेरिस के प्रति था। यह अंतरराष्ट्रीय बाजार का केंद्र भी था और सभी सांस्कृतिक गतिविधियाँ भी यहीं से चलती हैं।

चालीस वर्ष की आयु में अल्फ्रेड ने पेरिस में बसने की अपनी तमन्ना पूरी करते हुए एक आलीशान मकान एवेन्यू मालकॉफ खरीदा, जिसमें सुंदर स्वागत कक्ष, सर्दियों का बगीचा, अस्तबल आदि सभी थे। अस्तबल में अल्फ्रेड की शानदार घोड़ागाड़ी और उत्तम नस्ल के रूसी घोड़े रहा करते थे।

यहीं पर विक्टर ह्यूगो सहित उत्कृष्ट लेखक आया करते थे और धारा-प्रवाह फ्रेंच बोलनेवाले अल्फ्रेड नोबल की उनसे लंबी व गंभीर साहित्य-चर्चाएँ हुआ करती थीं।

एवेन्यू मालकॉफ के पिछवाड़े में एक छोटी पर पूर्ण सुसज्जित प्रयोगशाला थी। यहीं पर सन् 1875 में अल्फ्रेड ने सफलतापूर्वक जिलेटिन का आविष्कार किया था। यह डायनामाइट का ही परिष्कृत रूप था। अल्फ्रेड जब एवेन्यू मालकॉफ में रहते थे तो अपना ज्यादातर समय प्रयोगशाला में ही बिताते थे।

पर धीरे-धीरे अल्फ्रेड को लगने लगा कि घर पर स्थित प्रयोगशाला पर्याप्त नहीं है और उन्होंने पेरिस के उत्तर-पूर्व में सेवरॉन में एक बड़ी जायदाद खरीदी तथा वहाँ पर बड़ी प्रयोगशाला बनवाई।

अल्फ्रेड शायद आजीवन इसी मकान में रहते, पर उन पर फ्रांस के साथ विश्वासघात का आरोप लगा दिया गया और उन्होंने अपना नया आशियाना इटली स्थित सैन रिमो में बना लिया, जिसकी चर्चा आगे की जाएगी।

पर पेरिस उनका पसंदीदा शहर बना रहा और एवेन्यू मालकॉफ प्रिय घर। सन् 1895 में वे दो मास के लिए फिर इसी मकान में रहे और मृत्यु के बाद जायदाद का निबटारा किस प्रकार होगा, इसकी रूपरेखा उन्होंने यहीं तैयार की। वसीयत पर हस्ताक्षर भी पेरिस स्थित स्वीडिश-नार्वेजियन क्लब में ही किए गए।

जाने के बाद

अल्फ्रेड के दुनिया से चले जाने के बाद उपर्युक्त मकान के नंबर में भी परिवर्तन हुआ और सन् 1899 में उसे नीलामी के जरिए बेच दिया गया। मूलबाकर नामक जिस व्यक्ति ने उसे खरीदा उसने उसे अपनी बेटी को दे दिया, जिसने सन् 1909 में उसे बेच दिया। नया खरीदार मॉञ्जियर पॉलियाक भी अल्फ्रेड की ही तरह धनवान था और उसने 1910 में पूरे मकान को गिराकर नए सिरे से बनवाया।

यह ऐतिहासिक इमारत सन् 1994 में मशहूर रेस्तराँ की शृंखला के पास चली गई और आज भी इसके एक शेफ के पास है।

सैन रिमो

पेरिस से अपमानित होकर अल्फ्रेड ने इटली का रुख किया और उत्तर-पश्चिम इटली में सैन रिमो शहर देखा, जो कई दशकों से स्वास्थ्य-गृहों के लिए लोकप्रिय था। इस शहर के पास एक नदी बहती थी और यहाँ पर बड़े पैमाने पर फूल उगाए जाते थे, जो कि पूरे यूरोप को निर्यात किए जाते थे।

सन् 1891 में उन्होंने यहाँ पर एक बहुत बड़ा मकान खरीदा। यह किसी अच्छे वास्तुविद् द्वारा बनवाया गया था। अल्फ्रेड ने पेरिस से अपना जरूरी सामान, माता की तसवीर, प्रयोगशाला का वह सामान जिसे फ्रांसीसी अधिकारियों ने जब्त नहीं किया था, पुस्तकालय की काफी पुस्तकें आदि लीं और अपने नए सिरे से सजाए मकान सैन रिमो में आ गए।

अल्फ्रेड प्रारंभ से ही सर्दी-जुकाम के शिकार रहते थे। उनके शरीर में स्कर्वी रोग के लक्षण भी दिखाई दिए। पर ज्यों ही वे मध्य यूरोप के इस मध्यम जलवायुवाले इलाके में आए तो उन्हें काफी राहत मिली। यहाँ का सर्दियों का औसत तापमान 10 डिग्री सेल्सियस और गरमियों का औसत तापमान 23 डिग्री सेल्सियस होता था। काफी धूप उपलब्ध होती थी।

बसने के बाद नोबल ने पास में ही एक प्रयोगशाला भी बनवाई। पार्क और बगीचे से घिरी वह प्रयोगशाला तीन कमरों तथा एक बड़े मशीन रूम से युक्त थी।

इसमें गैस इंजन, इलेक्ट्रिक जनरेटर आदि की भी व्यवस्था थी। प्रकाश

तथा विद्युत् रासायनिक प्रयोगों आदि के लिए सभी व्यवस्थाएँ थीं। साथ ही पुस्तकालय, मापन व्यवस्था आदि भी थी। अनेक रसायन-शास्त्री व मेकैनिक यहाँ कार्य करते थे।

उपर्युक्त प्रयोगशाला में अल्फ्रेड ने अनेक प्रयोग प्रारंभ किए, पर उनके परिणामों को पूर्ण रूप उनके जाने के बाद अन्य लोगों ने दिया। इनमें रबर, चमड़े, गटा परचा आदि के विकल्पों का उत्पादन शामिल था। कृत्रिम रेशम का निर्माण भी यहाँ पर हुआ।

साहित्यिक गतिविधियाँ

जीवन के अंतिम वर्षों में अल्फ्रेड की साहित्यिक गतिविधियाँ भी तेज हुईं। अपने जीवन के विभिन्न अनुभवों जैसे पेटेंट संबंधी मुकदमों आदि को नाटकों, पैरोडी आदि का रूप दिया गया और मंचन का आनंद सभी लोगों ने लिया। अल्फ्रेड ने अपनी दुःखांत रचना 'नेमेसिस' भी यहीं पर पूरी क[illegible] यह रचना उनकी मृत्यु के पश्चात् प्रकाशित हो पाई।

मकान का नाम नोबल विला रखा गया। इसके अस्तबल में [illegible]स [illegible] आए उनके घोड़े रहते थे। पर अब वे नदी के किनारे पैदल टहलने भी जाया करते थे। उन्होंने एक छोटी मोटरबोट भी ली थी और उसमें उनके द्वारा तैयार गन पाउडर का परीक्षण होता था।

पड़ोस में अल्फ्रेड नोबल जैसे महान् व्यक्तित्व के बसने से पहले तो पड़ोसी प्रसन्न हुए। पर जब पास में ही बारूद व विस्फोटकों पर परीक्षण और विस्फोट होने लगे तो पड़ोसी शिकायत करने लगे।

एक इतालवी पड़ोसी रोसी तो परेशान होकर अपना बड़ा मकान अल्फ्रेड को बेचकर दूर चला गया। उसने उस जोखिम, जो अल्फ्रेड के विस्फोटक परीक्षणों से उत्पन्न होता था, की अच्छी कीमत वसूल ली।

अब अल्फ्रेड के पास दो मकान थे। अब उनका क्या किया जाए, यह एक समस्या ही थी। मई-जून के महीने में अल्फ्रेड पास के भूमध्य सागर में स्नान करने जाते थे।

अल्फ्रेड मन-ही-मन अतिरिक्त मकान का कायाकल्प करके स्वीडन के सम्राट् ऑस्कर को भेंट करना चाहते थे। पर ऐसा नहीं हो पाया। 10

दिसंबर, 1896 को हृदयाघात के कारण सैन रिमो स्थित मकान में उनका देहांत हो गया।

जाने के बाद

मृत्यु के बाद अल्फ्रेड की वसीयत के अनुसार नोबल विला बेच दिया गया। सन् 1960 के दशक के अंत में सैन रिमो प्रशासन ने इस संपत्ति को खरीद लिया और यहाँ पर सांस्कृतिक व वैज्ञानिक गतिविधियाँ चलने लगीं। नोबल फाउंडेशन के सहयोग से यहाँ इटली तथा स्वीडन के नोबल पुरस्कार विजेता इन गतिविधियों में भाग लेते हैं। स्वीडन व इटली के राष्ट्राध्यक्ष, स्वीडन के राजपरिवार के लोग भी यहाँ आकर गौरव महसूस करते हैं।

विला नोबल और साथ की प्रयोगशाला को बाद में संग्रहालय में परिवर्तित कर दिया। इस स्थान का अभी भी नोबल से गहन व मधुर संबंध है। हर वर्ष दिसंबर में 10 तारीख को इस स्थान से बड़ी मात्रा में फूल नोबल पुरस्कार समारोह के लिए जाते हैं।

ज्योरबोर्न मेनोर व प्रयोगशाला

जीवन के अंतिम पहर में अल्फ्रेड वापस स्वीडन आए और बोफोर्स कंपनी को खरीदा। बोफोर्स कंपनी की जायदाद में ज्योरबोर्न स्थित मकान उनका स्वीडन स्थित अंतिम आवास बना।

ज्योरबोर्न स्थित यह मकान अभी भी एक संग्रहालय के रूप में कार्य कर रहा है। लोग वहाँ जाकर कल्पना करते हैं कि अल्फ्रेड किस प्रकार वहाँ रहते होंगे और प्रयोगशाला में किस प्रकार काम करते होंगे।

□

अल्फ्रेड : एक कवि

प्यार की चाह व अकेलेपन ने अल्फ्रेड नोबल के मन के अंदर छिपे कवि को बाहर ला दिया था। वे इनके बारे में लगातार सोचते रहे और साथ में जीवन का अर्थ भी तलाशते रहे तथा यह भी ढूँढ़ते रहे कि आखिर यह संसार आया कहाँ से।

उन्होंने अनेक भाषाओं में कविता की। पर अंग्रेजी में उनका किया कार्य सबसे लंबा और अधिक पूर्ण है। स्वीडिश भाषा में भी उन्होंने काफी कार्य किया और युवावस्था से लेकर बाद के वर्षों तक स्वीडिश भाषा में लिखते रहे।

उनकी कविता पर अनेक रोमांटिक कवियों का प्रभाव पड़ा और इनमें शीले एवं बायरन प्रमुख थे। पर नोबल यदा-कदा कविता करनेवाले कवि थे। जब वे बहुत ज्यादा अकेलापन महसूस करते या उलझनों में ज्यादा उलझ जाते थे तब अपने विचारों को नया मोड़ देने हेतु कलम उठाते थे। इस प्रकार रची गई कविता उन्हें नया उत्साह व नई ऊर्जा प्रदान करती थी। वे अपनी कविता में लगातार सुधार करते थे और उन कविताओं में सुविख्यात अल्फ्रेड नोबल के जीवन के अज्ञात पहलू भी सामने आ जाते थे।

पर अल्फ्रेड को अपनी कविताओं के प्रकाशित होने की कोई चिंता नहीं थी। प्रकाशित न हो पाने का प्रमुख कारण था उनका अधूरा होना। वे स्वभाव से ही शरमीले भी थे और उन्होंने अपने काव्य के सार्वजनिक होने की न जल्दी की और न ही चिंता। वे लगातार अपना विश्लेषण करते रहते थे और अनेक कविताओं को उन्होंने दूसरों के पास विश्लेषण या समालोचना के लिए भेजा था।

आत्म-सुख के लिए उन्होंने अपनी कुछ कविताओं को प्रकाशित करने की बात सोची, पर यह सोच उनके पत्रों तक ही सीमित रह गई। शायद उन्हें लगता था कि उनकी अन्य योग्यताएँ जितनी प्रखर हैं, उनकी तुलना में काव्य-रचना कमजोर है।

वे अपने सामने तमाम रहस्यों को पाते थे। पर उनकी कविताएँ इन रहस्यों पर से परदा नहीं उठा पाईं। अपने आखिरी काव्य-संग्रह 'नेमेसिस' के बारे में भी उन्होंने लिखा कि इसमें उनके विचारों व भावनाओं को सँजोया गया है और अपने भावनात्मक व बौद्धिक जीवन के बारे में बताने की कोशिश की गई है।

अल्फ्रेड नोबल का व्यक्तित्व अंतरराष्ट्रीय था। यह उनकी कविता से भी झलकता है। उन्होंने ज्यादातर काव्य-रचना अपनी मातृभाषा में नहीं वरन् अंग्रेजी में की, ताकि वह सीधे शेष विश्व तक पहुँच सकें। पर दुर्भाग्य यह बना रहा कि वे ड्राफ्ट अर्थात् प्रारूप के रूप में ही रहीं।

वे इतने विनम्र थे कि जब किसी वरिष्ठ कवि या विद्वान् को अपनी कविता मूल्यांकन हेतु भेजते थे तो बड़े संकोच के साथ यह भी लिख देते थे कि मैंने तो यह कविता निराशा से उबरने या अंग्रेजी सुधारने के लिए लिखी थी। इसे अल्फ्रेड का अपने प्रति हास्य भी कहा जा सकता है।

नोबल की कविता पर प्रभाव

अल्फ्रेड नोबल के निजी पुस्तकालय का सबसे बड़ा हिस्सा साहित्य संबंधी पुस्तकों का है। नोबल किशोरावस्था से ही लगातार साहित्य पढ़ते रहे। उन्होंने न केवल पुस्तकें पढ़ीं वरन् अपनी व्यक्तिगत प्रतिक्रियाओं को दर्ज भी किया। अनेक मामलों में उन्होंने यह दर्ज किया कि उन्होंने पुस्तक कब पढ़ी। पुश्किन का समग्र साहित्य (सन् 1854) उन्होंने तब पढ़ लिया था जब उन्हें धारा-प्रवाह रूसी नहीं आती थी।

अल्फ्रेड के काव्य पर बायरन की गहरी छाप है। बायरन का समग्र साहित्य (सन् 1826) उनके पुस्तकालय में ग्यारह खंडों में था। इसे उन्होंने कई-कई बार पढ़ा होगा, ऐसा लगता है। इसी प्रकार शीले के काव्य के भी चार खंड उनके पुस्तकालय में थे।

बहुत बड़ा हिस्सा अनुपलब्ध

ऐसा प्रतीत होता है कि युवावस्था में नोबल द्वारा लिखी गई कविताएँ इधर-उधर हो गईं क्योंकि अल्फ्रेड ने उन्हें सँभालकर नहीं रखा। उनके भाइयों को भी उनकी काव्य रचनाशीलता की जानकारी थी। बड़े भाई रॉबर्ट का तो यह भी मानना था कि अल्फ्रेड का अनेक भाषाओं पर असाधारण अधिकार है तथा वे इतनी बढ़िया काव्य-रचना कर लेते हैं कि एक दिन कोई धनी परिवार की सुंदर युवती उन पर मर मिटेगी। यह बात रॉबर्ट ने अपनी मंगेतर को लिखे गए पत्र में कही।

वास्तव में अल्फ्रेड की कविताएँ उपर्युक्त संदर्भ में चर्चा का विषय भी बनीं। महिलाओं ने उनकी कविताओं पर सकारात्मक व प्रिय प्रतिक्रियाएँ भी भेजीं। पर बात अफवाहों तक ही सीमित रही।

जीवन का तीसरा और चौथा दशक कार्य संबंधी व्यस्तताओं से परिपूर्ण होता है। इस दौरान अल्फ्रेड प्रयोगों, आर्थिक झंझटों, अनवरत यात्रा कार्यक्रमों तथा औद्योगिक साम्राज्य स्थापित करने में उलझे रहे। उन्हें साहित्यिक अभिरुचि से किनारा करना पड़ा। अपनी काव्य-रचना तो छोड़िए, वे दूसरों द्वारा भेजी रचनाओं पर भी प्रतिक्रिया नहीं व्यक्त कर पाते थे।

बर्था ने पहचाना

बर्था से मिलने के बाद अल्फ्रेड के काव्य को एक नई राह मिली। अब तक अपनी कविताओं के प्रकाशन में वे लगातार संकोच करते आए थे। अल्फ्रेड ने अपना सौ पृष्ठ का काव्य-संग्रह बर्था के हवाले कर दिया। बर्था ने इस पांडुलिपि को पूरे मनोयोग से पढ़ा। उसने पाया कि इनमें से कुछ कविताएँ तो अपने अंतिम व उत्कृष्ट रूप में हैं।

सन् 1895 में मृत्यु से एक वर्ष पूर्व अल्फ्रेड ने अपनी वैज्ञानिक व साहित्यिक परियोजनाओं की सूची तैयार की। इसमें कुल 14 शीर्षक थे और उपन्यास, नाटक, कविताएँ सभी शामिल थे। यही नहीं, उनके मन में अनेक साहित्यिक परियोजनाएँ उमड़ रही थीं।

उनकी रचनाओं की हस्तलिखित और टाइप की हुई प्रतियाँ भी मिलीं। उनके काव्य में स्वप्न तथा यथार्थ के मध्य संघर्ष छाया रहता था।

स्वप्न में साफ-सुथरा प्यार और अटूट निष्ठा झलकती है। कई बार ये अवास्तविक-सी भी लगती हैं। कवि हृदय अल्फ्रेड अपने प्यार व रचनाशीलता को ज्यादा-से-ज्यादा अभिव्यक्त करने का प्रयास करते हैं। कहीं-कहीं पर प्राकृतिक सौंदर्य का वर्णन और ऐतिहासिक तथ्य भी मिलते हैं।

कुल मिलाकर यह कहा जा सकता है कि जीवन के विभिन्न पहरों में एक ओर अल्फ्रेड प्रयोगशाला में प्रयोग करते रहे और रासायनिक समीकरणों, रसायन के प्रभावों आदि की गुत्थियाँ सुलझाते रहे, वहीं जीवन के विभिन्न भागों में उनके जीवन में गुत्थियाँ सुलझने के बजाय उलझती ही चली गईं। सुलझानेवाला कोई सुलझा हुआ हमसफर उन्हें नसीब नहीं हुआ और उनकी लेखनी ने ही हमसफर की भूमिका निभाई।

उनके जाने के बाद उनकी अथाह साहित्यिक संपदा भी हाथ लगी, जिसमें 'रात्रि के विचार' जैसे काव्य-संग्रह भी थे, काव्य के रूप में निबंध भी थे और टुकड़ों में बँटा साहित्य था, जो विविध प्रकार था। इस बात के भी प्रमाण थे कि तमाम साहित्य या तो खो गया या मूल्यांकन के लिए जाने के बाद वापस नहीं आ पाया।

उनके पत्र भी उनके विचारों को अच्छी तरह से अभिव्यक्त करते थे, जो जीवन के विभिन्न कालों में विभिन्न लोगों को विभिन्न परिस्थितियों में विभिन्न उद्देश्यों हेतु लिखे गए थे। उनको भी संकलित किया गया और वे एक उत्कृष्ट साहित्यिक धरोहर सिद्ध हुए। जाने-माने विद्वानों ने उनपर मनन किया और अपने विचार व्यक्त किए।

□

साहित्य-प्रेमी अल्फ्रेड

अल्फ्रेड सारा जीवन एक आविष्कारक एवं उद्योगपति के रूप में जाने जाते रहे। बहुत कम लोगों को मालूम था कि वे स्वयं एक रचनाकार हैं। उन्होंने उपन्यासों के ड्राफ्ट (प्रारूप) लिखना युवावस्था में ही प्रारंभ कर दिया था और जीवन के अंतिम पहर में हास्य रचना भी लिखी एवं दुःखांत रचना भी।

अल्फ्रेड का साहित्य-प्रेम एवं साहित्यकारों के प्रति आदर बचपन से ही था और किशोरावस्था में उत्कृष्ट शिक्षकों ने उन्हें न केवल भौतिकी व रसायन पढ़ाया था वरन् साहित्य और दर्शन भी पढ़ाया था। वे एक शांत व अंतर्मुखी छात्र थे। बहुत सारी पढ़ाई उन्होंने स्वयं की थी। 'वोल्टायर' का अनुवाद उन्होंने पहले स्वीडिश भाषा में किया और फिर फ्रेंच में तथा उसके बाद उसे मूल से मिलाकर अपना मूल्यांकन किया। उन्होंने पुश्किन व तुर्गनेव आदि को पढ़ा और मात्र सत्रह वर्ष की आयु में रूसी, फ्रेंच, स्वीडिश, जर्मन, अंग्रेजी पर अधिकार हासिल कर लिया था।

अल्फ्रेड नोबल व्याख्यान देते हुए

सन् 1863 से 1873 का समय उनके लिए संघर्ष का समय था और

इस दौरान उन्होंने कोई रचना तैयार नहीं की, पर यात्राओं के दौरान उत्कृष्ट साहित्य पढ़ना कभी नहीं छूटा। एक स्थिति ऐसी आई कि लगा कि अब व्यवसाय पूरी तरह तबाह हो जाएगा। तब उन्होंने यह सोच लिया कि सबकुछ छोड़कर वे साहित्य-रचना से जीविका चलाएँगे।

थोड़ा व्यवस्थित होने पर वे पेरिस में बसे और बर्था से मिलन ने उन्हें असीम आनंद की अनुभूति दी। बर्था ने उनके घर का समृद्ध पुस्तकालय भी देखा और रचनाशीलता भी। दोनों का वैवाहिक मिलन तो नहीं हो पाया, पर बौद्धिक मिलन चलता रहा। बर्था अपनी रचनाएँ उन्हें समर्पित करके भेजती रही।

बर्था के प्रति अनुराग और उसकी प्रेरणाओं ने अल्फ्रेड नोबल को नई साहित्यिक दिशा दी। अनेक साहित्यकार व साहित्य-प्रेमी प्रकाशक पेरिस में उनके मित्र थे। इसके कारण उनका पुस्तकालय भी समृद्ध होता रहा और साहित्य-प्रेम भी सशक्त होता चला गया। उनकी पसंद की सूची बढ़ती गई और अनेक भाषाओं के कवि व लेखकों के नाम उसमें जुड़ते गए।

नोबल ने विविध विषयों पर अच्छी पुस्तकें पढ़ीं। उन्होंने दर्शन, इतिहास, विज्ञान का इतिहास एवं धर्म पर पुस्तकें पढ़ीं और धर्म-विरोधी पुस्तकें व दर्शन भी उनसे अछूते नहीं रहे। उनके पुस्तकालय में डार्विन की पुस्तकें भी थीं और लामार्क का विकासवाद का सिद्धांत भी था। इससे सिद्ध होता है कि वे इस संसार के उद्‌भव के बारे में जानने को कितने उत्सुक थे। इस संबंध में उन्होंने डेमोक्रिट्स, ब्रूनो, लिबनिज आदि को भी काफी गहराई से पढ़ा। वे लगातार आलोचनात्मक दृष्टि से पढ़ते रहे।

सन् 1891 में जब अल्फ्रेड नोबल को विवाद के कारण पेरिस छोड़ना पड़ा तो वे सैन रिमो में जाकर बसे। उनकी आयु भी बढ़ चुकी थी और स्वास्थ्य भी ढल रहा था। अब शारीरिक कार्यों में कमी करके उन्होंने फिर जोर-शोर से कलम थामी और उन साहित्यिक परियोजनाओं को पूरा करने में जुट गए, जो उन्होंने सेंट पीटर्सबर्ग छोड़ने से पहले प्रारंभ की थीं। अब उनके राजनीतिक विचार भी परिपक्व हो चुके थे और अफसरशाही समेत समाज की अनेक बुराइयों, जैसे दोमुँहापन आदि, से वे परिचित हो चुके थे। इसका प्रभाव उनकी साहित्यिक रचनाओं पर भी पड़ा।

एक स्थान पर उन्होंने न्याय को एक बूढ़ी महिला के रूप में चित्रित किया, जो लकवे की शिकार होने के कारण अत्यंत धीमी चाल से चलती रही है। साथ में उन्होंने यह भी कटाक्ष किया कि लगता है, लकवे का प्रभाव उसके मस्तिष्क पर भी पड़ गया है और उसके निर्णय न केवल धीमे वरन् पागलपन की हद तक गलत भी हैं।

अल्फ्रेड की रचनाएँ सशक्त थीं, पर उतनी सशक्त नहीं थीं जितनी कि अन्य क्षेत्रों में उपलब्धियाँ। वे काफी परिश्रम करते थे और अपनी रचनाओं के लिए पृष्ठभूमि व पात्रों के चयन में बार-बार फेर-बदल भी करते थे। बड़ी कठिनाई के बाद उनकी रचना पूरी हो पाती थी, पर अकसर उनको संतुष्टि नहीं मिल पाती थी। उनकी आखिरी रचना 'नेमेसिस' उनके जाने के बाद निजी खर्च पर छपी। पर सौ प्रतियाँ छापकर पढ़ने के बाद परिवारजनों को लगा कि उनके व्यक्तित्व के सामने यह कृतित्व हल्का पड़ रहा है और वे सभी प्रतियाँ नष्ट कर दी गईं। शायद साहित्यिक दृष्टि से यह निर्णय सही भी हो।

पर एक पत्र-लेखक के रूप में अल्फ्रेड अद्वितीय थे। वे लगातार पत्र लिखते रहे और हर विषय पर लिखते रहे। उनके विषयों में आविष्कार हेतु हर प्रकार के रोचक विचार, योजनाएँ, ब्रह्मांड व मनुष्य के उद्भव संबंधी दर्शन, ज्ञान, विश्वास, युद्ध, शांति संबंधी प्रश्न शामिल थे।

उनकी मृत्यु के पश्चात् उनके सामान्य पत्रों, व्यावसायिक पत्राचार, भाइयों, घनिष्ठ मित्रों, संबंधियों के पत्रों के संकलन तैयार किए गए तथा उनका अध्ययन किया गया। दिन में बीस-बीस पत्र लिखनेवाले नोबल अपनी आत्मा से पत्र लिखते थे और पूरे ज्ञान का उपयोग करते थे। मधुर लय होने के बावजूद उनका दुःख-दर्द उसमें छलक ही जाता था। उनका स्वीडिश मूल व मातृभाषा रूसी थी, पर जर्मन, फ्रेंच, अंग्रेजी पर उनका बराबर का अधिकार था।

अपने निजी पत्र-लेखन में वे अपने आपको बीमार, दुखड़ा सुनाता हुआ, कुरूप तथा असामाजिक व्यक्ति के रूप में चित्रित करने का प्रयास करते थे। पर साथ ही ये पत्र दरशाते हैं कि वे अपने प्रियजनों जैसे माता, भाइयों की संतानों आदि के प्रति अत्यंत चिंतित रहते थे और सबकुछ कर

गुजरने का प्रयास करते थे।

सन् 1887 में उनके बड़े भाई लुडविग ने उन्हें सुझाव दिया कि वे आत्मकथा लिखें और पूरे परिवार का विवरण उसमें दें। अल्फ्रेड ने विनम्रतापूर्वक मना कर दिया, पर अपना मूल्यांकन संक्षेप में अवश्य कर दिया, जो इस प्रकार है—

'अल्फ्रेड नोबल एक दयनीय मानव जैसा है, जिसे जीवन के प्रारंभ में ही घुटकर मर जाना था।'

सबसे बड़ा गुण—नाखून साफ रखना और किसी पर बोझ नहीं बनना।

सबसे बड़ी कमी—परिवार न होना, पेट खराब होना।

सबसे बड़ी अभिलाषा—मुझे जिंदा न दफनाया जाए।

सबसे बड़ा पाप—पूजा न करना।

महत्त्वपूर्ण घटनाएँ—एक भी नहीं।

लेखन के अलावा वे भाषा पर अधिकार होने के कारण संक्षेप में बोलते थे। उनकी दृष्टि गहरी व पैनी थी। बातचीत में हास्य था, जो कभी-कभी तीखा हो जाता था तथा आत्मालोचना में वे बहुत आगे तक चले जाते थे।

अंत में यह कहा जा सकता है कि अच्छे साहित्य के कारण उन्हें आदर्श दिशा मिलती चली गई और तमाम दुःखों व निराशा के बाद भी सफलता ने उनका पीछा नहीं छोड़ा। इस सफलता का कुछ श्रेय उनके पुस्तकालय में स्थित विज्ञान, मानविकी व विविध विषयों पर पुस्तकों को है, जिनकी अकारादि क्रम में सूची ही 116 किलो बाइट लंबी है।

□

कमजोर स्वास्थ्य के कारण चिकित्सा-विज्ञान में अभिरुचि

जीवन में ज्यादातर समय अल्फ्रेड अस्वस्थ ही रहे। उन्हें लगातार अपच, सिर-दर्द तथा अवसाद की शिकायत बनी रही। इन्हीं कारणों से उन्हें समय-समय पर स्वास्थ्य गृहों में भरती कराया गया था।

पहले-पहल सन् 1854 में मात्र इक्कीस वर्ष की आयु में उन्हें बोहेमिया स्थित स्पा में भरती कराया गया था। आमतौर पर अति सक्रिय रहनेवाले अल्फ्रेड नोबल जब स्वास्थ्य गृह में भरती होते तो वहाँ की निष्क्रियता उन्हें बेचैन कर डालती थी।

वे वहाँ पर किए जानेवाले उपचारों से संतुष्ट भी नहीं होते थे। इस स्वास्थ्य गृहों में आमतौर पर स्नान कराने, आराम कराने, विशेष कुएँ का पानी पिलाने जैसी गतिविधियाँ ही होती थीं। अल्फ्रेड को लगता था कि चिकित्सा-विज्ञान अन्य विज्ञान विषयों से पीछे है और इसी कारण तात्कालिक उपचार करने के स्थान पर ये ऊलजलूल गतिविधियाँ कराई जा रही हैं, ताकि रोगी का ध्यान बँटे और वह या तो स्वस्थ महसूस करने लगे या बहाना बनाकर भाग निकले।

भले ही अल्फ्रेड के पास कोई विश्वविद्यालय की डिग्री नहीं थी, पर उनकी वैज्ञानिक मनोवृत्ति को यह अवश्य लगता था कि बीमारी का स्पष्ट कारण होना चाहिए और वह समझ में आना चाहिए। पर बचपन से लेकर युवावस्था तक चिकित्सक उनकी बीमारी का कारण नहीं बता पाते थे और अँधेरे में तीर चलाने जैसे कार्य करते थे।

बाद के काल में अल्फ्रेड एंजाइना पेक्टोरस अर्थात् हृदय शूल के

शिकार हो गए और उन्हें लगातार भयंकर दर्द रहता था। उन्हें अनेक प्रकार के मानसिक दबावों व तनावों में काम करना पड़ता था। काम भी बहुत ज्यादा था और खतरनाक भी था। प्रयोगशाला में वे घंटों रसायनों से जूझते रहते थे, जो साँस के जरिए उनके शरीर में जाते थे। वे लगातार यात्रा भी करते थे।

उन्हें अनेक प्रकार के आरोपों, धोखाधड़ी आदि का भी सामना करना पड़ा, दर-बदर भी हुए, आंशिक लकवा भी मार गया; पर वे कार्य करते रहे। इस कारण वे यह भी सोचते रहे कि आखिर इन सबका हल कैसे निकाला जाए? जैसा कि पहले ही बताया जा चुका है कि उस समय की दवाओं और उपचारों से वे संतुष्ट नहीं थे। दर्द-निवारक के रूप में उस समय ईथर व क्लोरोफॉर्म का उपयोग किया जाता था और उन्हें लगता था कि अनेस्थिसिया व अल्कोहलों का बेहतर उपयोग हो सकता है। उन्होंने वेन (शिरा) में इंजेक्शन द्वारा दर्द-निवारक या शामक रसायनों को पहुँचाने की भी कल्पना की थी।

असानियो सुबरेरो, जिन्होंने नाइट्रो-ग्लिसरीन रसायन को तैयार किया था, ने यह भी आगाह किया था कि यदि कोई इस रसायन के संपर्क में अधिक देर रहेगा तो वह सिर-दर्द का शिकार होगा और उसकी तीव्रता बढ़ती जाएगी। पर अल्फ्रेड लगातार इसके संपर्क में रहे और बाद में तो इसका बड़े पैमाने पर उत्पादन उनके कारखानों में होने लगा। अल्फ्रेड को लगने लगा कि वे गुनाहगार हैं।

पर यही नाइट्रो-ग्लिसरीन बाद में दवा साबित हुई। सन् 1867 में ब्रिटिश डॉक्टर ने बताया कि हृदय रोग के लिए यह दवा उपयुक्त है और राहत देती है। सन् 1890 में अल्फ्रेड को भी इसके प्रयोग की सलाह दी गई थी, पर उन्होंने इसे स्वीकार नहीं किया।

पर आज सारी दुनिया नाइट्रो-ग्लिसरीन का उपयोग हृदय रोग में करती है। इससे रक्त वाहिकाएँ चौड़ी हो जाती हैं और ज्यादा रक्त बहने लगता है। इससे शरीर में अधिक ऑक्सीजन जाता है और दर्द से राहत मिलने लगती है।

रॉयल कैरोलीन मेडिको-सर्जिकल इंस्टीट्यूट

सन् 1810 से कुछ ही समय पूर्व स्वीडन को रूस से युद्ध में मुँह की खानी पड़ी थी। उस समय स्वीडन में सेना के लिए डॉक्टरों की भारी कमी थी। तभी सन् 1810 में एक छोटे से मेडिकल कॉलेज व शल्य-चिकित्सा के एक स्कूल को मिलाकर कैरोलिंस्का मेडिको-सर्जिकल इंस्टीट्यूट की स्थापना की गई थी। अगले पचासी वर्षों में इस संस्थान ने मामूली प्रगति ही की थी और यह उपासला विश्वविद्यालय आदि के सामने कहीं नहीं टिकता था। यहाँ पर सभी चिकित्सा विषयों के लिए व्यवस्था नहीं थी। आंतरिक कलह के कारण उपासला विश्वविद्यालय के अनेक प्रोफेसरों ने इस संस्थान को बंद करने की भी सलाह दे दी थी।

पर एक बात अवश्य थी कि इस संस्थान के संस्थापकों ने प्राकृतिक विज्ञानों के ज्ञान के आधार पर चिकित्सकों को प्रशिक्षित करने की परंपरा डाली थी। उनमें से बर्जीलियस व रेजियस ने इस दिशा में अमूल्य प्रयास किए। जाने-माने रसायन-शास्त्री बर्जीलियस ने ऊतकों व शरीर में बहनेवाले तरल पदार्थों का विश्लेषण किया था। इससे चिकित्सा-विज्ञान में एक नए विषय का प्रादुर्भाव हुआ, जो उस समय प्राणी रसायन-शास्त्र और आज जैव रसायन-शास्त्र कहलाता है। इसी प्रकार शरीर रचना-शास्त्र पढ़ानेवाले रेजियस ने माइक्रोस्कोप की सहायता से ऊतकों का अध्ययन कोशिकीय स्तर तक किया था। उपर्युक्त बातें आज सामान्य लगती हैं, पर ये उस समय की बातें हैं, जब अन्य मेडिकल कॉलेजों में पाप और रोग के बीच संबंध स्थापित करने पर गोष्ठियाँ होती थीं।

सन् 1890 के आस-पास अल्फ्रेड नोबल के मन में इच्छा थी कि वे चिकित्सा-विज्ञान के क्षेत्र में भी योगदान करें। शरीर क्रिया-विज्ञान के क्षेत्र में नया काम करना चाहते थे। जब संस्थान के प्रतिनिधि अल्फ्रेड की माता की स्मृति के लिए अनुदान के संबंध में अल्फ्रेड से मिले तो अल्फ्रेड ने इस दिशा में अपनी इच्छाएँ व्यक्त कीं।

उनका अनुरोध मानकर जोहानसन नामक एक सज्जन ने पाँच महीने तक अल्फ्रेड की सेवरॉन (पेरिस) स्थित प्रयोगशाला में काम किया। यह कार्य रक्त चढ़ाने संबंधी था और इसमें पाया गया कि शरीर के बाहर

निकलने पर रक्त बहुत तेजी से बदलता है। इसे जल्दी चढ़ाना चाहिए। पर उस समय इस अनुसंधान से कोई सीधा व स्पष्ट लाभ नहीं हुआ।

इस प्रकार अपनी माता की स्मृति में अनुदान करते-करते अल्फ्रेड इस संस्थान से जुड़ गए और अपनी वसीयत शरीर क्रिया-विज्ञान या चिकित्सा-क्षेत्र में पुरस्कार स्थापित किया। इसके अलावा उन्होंने अनेक छोड़ी-बड़ी राशियाँ अन्य संस्थानों को भी इस कार्य हेतु बाँटीं।

□

अंतिम पहर

जीवन के अंतिम पहर में अल्फ्रेड वैज्ञानिक कार्यों में जुटे रहे और उन्होंने गियरवाली साइकिल के आविष्कर्ताओं की भरपूर सहायता की।

सन् 1894 में उन्होंने इंग्लैंड में स्थापित की जानेवाली साइकिल कंपनी में 40,000 पाउंड निवेश किए। इसी साइकिल का तिपहिया रूप भी जनता के सामने आया। बोफोर्स कंपनी में उन्होंने स्वयं भी साइकिल चलाना सीखने का प्रयास किया।

एक अन्य आविष्कारक, जो सेना में कप्तान रह चुके थे, उनसे मिले और दोनों ने उड़नेवाले तारपीडो तैयार करने की योजना तैयार की। इसके लिए ए.बी. मार्स नामक कंपनी गठित की गई और उसमें राजा ऑस्कर द्वितीय भी साझीदार थे। इसके परीक्षण बोफोर्स व सैन रिमो दोनों ही स्थानों पर हुए। इसके निर्माण हेतु भी अल्फ्रेड नोबल ने निवेश किया। बाद में इस विचार का उपयोग जर्मनी ने किया और वी-2 रॉकेट तैयार किए, जिन्होंने दूसरे विश्व युद्ध में भारी तबाही मचाई।

उपर्युक्त पूर्व कैप्टेन के साथ मिलकर उन्होंने हवाई फोटोग्राफी की योजना बनाई। इसके लिए उन्होंने बैलून, पैराशूट और कैमरे को मिलाकर व्यवस्था तैयार की, जिसमें एक ऊँचाई पर बैलून खाली हो जाएगा तथा पैराशूट के जरिए कैमरा धीरे-धीरे उतरेगा और फोटोग्राफी करेगा। अल्फ्रेड ने इसका पेटेंट आवेदन भी तैयार किया और उसमें दावा किया कि इस व्यवस्था का उपयोग इलाके के मापन व नक्शा तैयार करने आदि के लिए होगा।

सन् 1896 में ही स्वीडन सरकार ने तटरक्षक तोपखाने के लिए 25 सें.मी.

की तोपों का आदेश दिया। पुरानी मशीनरी केवल 16 सें.मी. तोपें ही ले पाती थीं। अल्फ्रेड के जाने के बाद ही ऐसी पहली तोप तैयार हो पाई। यह तो 430 टन की थी।

अपने अंतिम दिनों में अल्फ्रेड ने साहसिक कार्यों के लिए भी लोगों को अनुदान दिए। तिब्बत के पठारों व उत्तरी ध्रुव की यात्राओं के लिए वे आगे बढ़े।

हवाई उड़ान में भी उनकी काफी दिलचस्पी थी। उस काल में अनेक लोग हवाई उड़ान संबंधी प्रयोग कर रहे थे। उड़ना-उड़ाना तो अल्फ्रेड के बस का नहीं था, पर उन्होंने अवलोकनों द्वारा अनेक विचार अवश्य स्थापित किए यथा जब चिड़िया बहुत ऊँचाई पर पहुँच जाती है तो बिना पंख हिलाए ही अपना संतुलन बना लेती है। पर ऐसा चिड़िया ही कर सकती है, मनुष्य नहीं। उन्होंने यह भी देखा कि एक कबूतर मात्र तीन घंटे में पेरिस से सैन रिमो पहुँच जाता है।

इन सबके अलावा अल्फ्रेड ने बोफोर्स कंपनी का ऐसा कायाकल्प भी किया कि वह विश्व स्तर की हथियार कंपनियों से टक्कर लेने लगी। तोप, गोला-बारूद, कवच से लेकर विभिन्न प्रकार के रसायनों, रंगों, दवाओं के क्षेत्र में भी वह प्रवेश कर गई। अंतिम दिनों में अल्फ्रेड विस्फोट-रहित बायलर बनाने का प्रयास कर रहे थे।

सन् 1890 में ही यह ज्ञात हुआ कि अल्फ्रेड के पुराने सहयोगी फ्रेडरिक अबेल को धुआँ-रहित गन पाउडर का पेटेंट मिल गया। यह गन पाउडर अल्फ्रेड के बैलेस्टाइट जैसा ही था। इससे नोबल कंपनी में चिंता की लहर दौड़ गई।

फ्रेडरिक अबेल व जेम्स देवार इंग्लैंड के प्रभावशाली व्यक्ति थे। उनके आविष्कार को अंग्रेजी सरकार के युद्ध मंत्रालय ने हाथो-हाथ लिया और नोबल के उत्पाद बैलेस्टाइट को किनारे कर दिया गया। घायल प्रबंधन ने अल्फ्रेड नोबल से संपर्क किया। अल्फ्रेड उस समय वैसे ही परेशानी में थे। फ्रांसीसी पुलिस ने अल्फ्रेड की प्रयोगशाला पर छापा मारा था। स्थानीय मीडिया अल्फ्रेड की देशभक्ति पर प्रश्नचिह्न लगा रही थी।

पर फिर भी अल्फ्रेड ने मुकाबला करने का निर्णय किया। बात धन की

नहीं, सम्मान की थी। कमजोर स्वास्थ्य के बावजूद उन्होंने लंबा मुकदमा लड़ा और अपीलीय न्यायालय के बाद हाउस ऑफ लॉर्ड्स तक गए। उन्होंने साबित करने का पूरा प्रयास किया कि वे ही वास्तविक आविष्कारक हैं और अन्य लोगों ने नकल की है।

पर उनके हर्जाने का दावा रद्द कर दिया गया। अदालती खर्चे के लिए उन्हें 28,000 पाउंड भी भरने पड़े। पर अदालत में उन्हें नैतिक विजय मिली, क्योंकि न्यायाधीशों को यह मानना पड़ा कि यदि एक बौना व्यक्ति किसी लंबे-तगड़े के कंधे पर बैठ जाए तो वह ज्यादा दूर तक देख पाएगा।

अल्फ्रेड इस घटना से काफी निराश हो गए और न्यायिक व्यवस्था पर उनका विश्वास डगमगा गया। उन्हें लगा कि ये वकील खून चूसनेवाले हैं। ये अदालती आदेशों की निरर्थक व्याख्या करके लोगों को बहकाते हैं।

□

अलविदा

सन् 1896 के उत्तरार्द्ध में डॉक्टरों ने अल्फ्रेड को स्पष्ट बता दिया था कि उनका स्वास्थ्य अच्छा नहीं है। पर अल्फ्रेड ने उस पर विशेष ध्यान नहीं दिया। उन्होंने सैन रिमो के लिए नए घोड़े खरीदे और वहीं पर खरीदे। नए मकान के लिए महँगा फर्नीचर भी खरीदा।

21 नवंबर, 1896 को अल्फ्रेड नोबल सैन रिमो पहुँचे। उन्हें ऐसा लग रहा था कि अब वे दु:खों व चिंताओं से मुक्त हो चुके हैं। 7 दिसंबर को उन्होंने सोलमैन को एक पत्र लिखा और तभी उन्हें लकवे के गंभीर आघात का सामना करना पड़ा। उनके सेवक उन्हें सीढ़ियों से ऊपर की मंजिल स्थित शयनकक्ष में ले गए।

उपर्युक्त मस्तिष्काघात से उनकी बोलने व याद करने की क्षमता बुरी तरह प्रभावित हुई। उन्होंने अपनी मातृभाषा स्वीडिश में कुछ बोलने का प्रयास किया। उनका सेवक केवल एक शब्द समझ पाया—टेलीग्राम। उसने अल्फ्रेड के भतीजों व सोलमैन को तार भेज दिया।

तीन दिन बाद 10 तारीख को प्रात: अल्फ्रेड इस दुनिया से चले गए। पर तब तक न तो भतीजे और न ही सोलमैन सैन रिमो पहुँच पाए। अल्फ्रेड जिस बात को लेकर सारी जिंदगी डरते रहे, वही हुआ और मरते समय किसी अपने के दर्शन नहीं कर सके।

नोबल परिवार ने निर्णय किया कि उन्हें अंतिम रूप से स्टॉकहोम में ही दफनाया जाएगा पर सैन रिमो में जाने से पूर्व संक्षिप्त रस्में संपन्न होंगी। इसके लिए स्वीडिश पादरी को पेरिस से बुलाया गया।

पर धन कितना प्यारा होता है और अपने कितने पराए, यह इस बात

से सिद्ध हो गया कि एक ओर अल्फ्रेड की अरथी पड़ी थी और दूसरी ओर भतीजे व सोलमैन बहुमूल्य दस्तावेज व वसीयत की आधिकारिक प्रति ढूँढ़ने में जुटे थे।

अल्फ्रेड ने तीन बार वसीयत बनाई थी। ढूँढ़नेवालों को दूसरी वसीयत की प्रति मिली, जो कि रद्द कर दी गई थी। पर तभी 15 दिसंबर को एक तार आया, जिसे एक बैंक ने भेजा था और जिसमें लिखा था कि अल्फ्रेड की अंतिम वसीयत उनके पास है और उसे खोल लिया गया है। उस वसीयत के कार्यान्वयन की जिम्मेदारी सोलमैन पर भी थी। अब डॉक्टर से मृत्यु प्रमाणपत्र लिया गया और 17 दिसंबर को अल्फ्रेड नोबल का शव कॉफीन में रखकर पादरी द्वारा कुछ रस्में संपन्न कराई गईं।

इसके बाद रेलगाड़ी द्वारा शव स्टॉकहोम की ओर चला। इमानुएल ने तय किया कि 30 दिसंबर, 1896 को शव दफनाया जाएगा।

अंतिम यात्रा

महान् वैज्ञानिक, आविष्कर्ता, उद्योगपति, महादानी एवं दार्शनिक अल्फ्रेड नोबल भले ही जीवन भर अकेलापन भोगते रहे, पर उनके शव के साथ असंख्य लोग थे। उनके जीवन में ज्यादातर अंधकार ही रहा, पर शव के साथ बड़ी संख्या में दोनों ओर मशालें जल रही थीं। कई बार दर-बदर होनेवाले अल्फ्रेड

अल्फ्रेड नोबल को अंतिम विदाई

के शव के स्वागत में गिरजाघर बड़े भव्य रूप से सजाया गया था। वह ऐतिहासिक कॉफीन, जिसमें शव रखा गया था, सुंदर लकड़ी का बना था और उसके हैंडिल चाँदी के बने थे तथा जगमगा रहे थे।

मृत्यु के समय अल्फ्रेड भले ही अकेले थे, पर इस समय सभी सगे-संबंधी, व्यावसायिक सहयोगी चल रहे थे। पर स्वीडिश राजपरिवार का कोई प्रतिनिधि नहीं था।

आज शवयात्रा के साथ चलनेवाली गाड़ियों की संख्या से मरनेवाले का व्यक्तित्व आँका जाता है। उस समय रथ चलते थे। इस शवयात्रा में सर्दियों के दिन होने के बावजूद 40 रथ चल रहे थे और पूरे मार्ग, जो काफी लंबा था, में दोनों ओर हजारों लोग हाथ हिलाकर विदाई दे रहे थे। बीच-बीच में घुड़सवार मशाल लिये शामिल हो रहे थे। मशालों से निकली प्रकाश की किरणें जमी हुई बर्फ पर जब पड़तीं तो एक अद्‌भुत जादुई नजारा उत्पन्न हो रहा था।

कॉफीन उतरने के बाद पादरी ने कुछ शब्द कहे। हार्मोनियम से ध्वनि निकली और फिर जो हर शव के साथ होता है, वह हुआ।

□

जाने के बाद

अमीरों का पैसा जी का जंजाल होता है। यह मरने के बाद भी पीछा नहीं छोड़ता है। ज्यों ही अल्फ्रेड की मूल वसीयत मिली और पढ़ी गई, सगे-संबंधियों को अपने के जाने का गम कम हो गया और कम मिलने का गम खाने लगा।

अल्फ्रेड ने ज्यादातर दौलत स्वयं कमाई थी और उसे लोगों की संपत्ति मानकर लोगों के ही नाम कर गए। उनके संबंधी उनसे पाते ही रहे थे और मृत्यु के बाद भी उन्होंने अपनी जायदाद का 20 प्रतिशत भाग सगे-संबंधियों में उपहार के रूप में बाँट दिया था।

पर इससे तो संतोष नहीं होने वाला था। एक भतीजे जालमार ने तो अपने असंतोष का खुलासा भी कर दिया। इमानुएल के चेहरे पर भी भाव तो आए, पर उन्होंने सँभाल लिया। विशेष बात यह भी थी कि स्व. लुडविग के बच्चों इमानुएल आदि के पास भी अथाह दौलत थी, जबकि रॉबर्ट नोबल के बच्चों के पास उतना धन नहीं था।

पर इमानुएल की चिंता भी अकारण नहीं थी। उन्हें लग रहा था कि ज्यों ही वसीयत की असलियत वित्तीय संस्थानों तक पहुँचेगी, नोबल कंपनियों के शेयर औंधे मुँह गिरेंगे और भारी तबाही मचेगी। चाचा अल्फ्रेड ने यह क्यों नहीं सोचा।

पर अल्फ्रेड शायद यह सब सोच चुके थे और उनके पत्रों के संग्रह से ज्ञात हुआ कि वे जानते थे कि उनके परिवारजन उन्हें नहीं, उनके पैसे से प्यार करते हैं और उनके जाने के बाद उनका कुत्ता भी उनके लिए आँसू नहीं बहाएगा। यह बात वे स्पष्ट रूप से व्यक्त कर चुके थे। उन्हें

मालूम था कि परिवारजन उन्हें तरह-तरह से कोसेंगे। उनकी आँखें किस तरह फटी रह जाएँगी, यह वे सोच चुके थे और तभी उन्होंने पहले पहली, फिर दूसरी तथा फिर तीसरी वसीयत तैयार की थी। सभी एक के बाद एक सुधारी गई थीं।

अल्फ्रेड पर जारी डाक टिकट

अंतिम वसीयत उन्होंने सन् 1896 की गरमियों में एस्किल्डा बैंक में जमा कर दी थी। इसके बारे में किसी परिवारजन को कुछ पता नहीं था।

2 जनवरी, 1897 को वसीयत एक स्वीडिश अखबार में छपी और उसका घोर विरोध प्रारंभ हो गया। कुछ ने तो यहाँ तक कह डाला कि इसका कार्यान्वयन रोक दिया जाए।

जिस तरह जीते जी फ्रांसीसी मीडिया उनके पीछे पड़ गया था तथा उनपर देशद्रोह का आरोप लगाया गया था, अब मरने के बाद स्वीडिश मीडिया पीछे लगा था। एक अखबार में वसीयत को भारी भूल करार दिया गया।

विवाद भी बहुमुखी था। कोई कह रहा था कि आदर्शवाद की ओर ले जाने वाला साहित्यकार ही क्यों पुरस्कृत होना चाहिए। कोई स्वीडिश अकादमी की योग्यता पर ही प्रश्नचिह्न लगा रहा था कि वही क्यों पुरस्कार के लिए चयन करेगी। अल्फ्रेड के एक पुराने मित्र, जो गणितज्ञ भी थे, बोल उठे कि अल्फ्रेड तो प्रारंभ से ही अराजकतावादी थे। आदर्शवाद के नाम पर यदि धर्म-विरोध प्रारंभ हो जाएगा तो क्या होगा। लोग पुरस्कार पाने के लिए राजतंत्र, विवाह व्यवस्था पर कुठाराघात करने लगेंगे। उस समय प्रजातंत्र और विवाहेतर संबंध सामने आने लगे थे। पर वसीयत का समर्थन करनेवालों की भी कमी नहीं थी। देश-विदेश में इसे बड़े पैमाने पर सराहा भी गया।

रॉबर्ट परिवार

दुनिया की तुलना में घर में कोसनेवाले बहुत थे। भाई रॉबर्ट का परिवार बुरी तरह खार खाए बैठा था। रॉबर्ट ने आजीवन अपने छोटे भाइयों लुडविग व अल्फ्रेड से अच्छे संबंध रखे, पर वे यह नहीं भूले थे कि बाकू

का तेल साम्राज्य वास्तव में उनका ही मौलिक कृतित्व था और उसमें उन्हें असमय संन्यास लेना पड़ा और हर्जाना भी नहीं के बराबर मिला।

स्वीडन आने के बाद रॉबर्ट को लगा था कि गलती हो गई, पर तब तक देर हो चुकी थी। समय के साथ स्टॉकहोम शहर महँगा होता गया और रॉबर्ट नोबल परिवार का जीवन-स्तर गिरता चला गया।

अल्फ्रेड यह सब समझते थे, पर उनका मानना था कि भाई का परिवार अभी भी समृद्ध परिवार है और समृद्ध परिवार के बच्चों को इतना ही मिलना चाहिए कि अच्छी शिक्षा पूरी हो और जीवन की आवश्यकताएँ पूरी हों। इतना उन्होंने भी वसीयत में दे दिया था। बाकी की जायदाद जनता के लिए छोड़ी थी।

स्वीडिश राजपरिवार

जैसा कि पहले बताया जा चुका है कि अल्फ्रेड की शव-यात्रा में स्वीडिश राजपरिवार का कोई प्रतिनिधि सम्मिलित नहीं हुआ था, ऊपर से फरवरी 1898 में स्वीडन के राजा ऑस्कर द्वितीय ने इमानुएल नोबल को बुलाकर कहा कि अल्फ्रेड की वसीयत में स्वीडिश नागरिकों के साथ न्याय नहीं किया गया है और यह एक प्रकार का देशद्रोह है। इमानुएल नोबल, जो रूसी नागरिक थे, से उन्होंने स्पष्ट कहा कि तुम्हारे चचेरे भाई-बहनों को बहुत तकलीफ है और उन्हें न्याय मिलना चाहिए। बर्था की ओर इशारा करते हुए राजा ने यह भी आरोप लगा दिया कि तुम्हारे चाचा ने लगता है, औरतों के प्रभाव में आकर ये दिखावटी पुरस्कार आदि के लिए सारी दौलत अलग कर दी।

पर इमानुएल नोबल, जो स्वयं भी उस समय कुँआरे थे और चाचा अल्फ्रेड से काफी मिलते-जुलते थे, ने साफ कह दिया कि वे अपने चाचा की भावनाओं का सम्मान करेंगे और अन्य बातें उनके लिए निरर्थक हैं।

सचमुच इमानुएल ने सोलमैन के साथ मिलकर वसीयत का कार्यान्वयन प्रारंभ करवाया। रॉबर्ट परिवारजनों की ओर से कुछ मुकदमे भी हुए, पर कार्यान्वयन आगे बढ़ता गया।

अल्फ्रेड की इच्छा थी कि उनकी सारी जायदाद सुरक्षित रूप से बैंकों

में जमा कर दी जाए। इसका अर्थ था बेचना पर इससे सारी नोबल कंपनियों, नेफ्था कंपनी, डायनामाइट कंपनी, बोफोर्स कंपनी में उथल-पुथल मच जाती।

तभी बोफोर्स कंपनी के पुराने मालिक जेलबर्ग परिवार ने सभी शेयर-धारकों को संगठित किया और एक कंसोर्टियम बनाया। उनका मानना था कि बोफोर्स कंपनी और उसके द्वारा बनाए जानेवाले हथियार देश के लिए अनमोल हैं और यह कंपनी विदेशी हाथों में नहीं जानी चाहिए। ऐसा ही हुआ और इस कंपनी में बैलेस्टाइट का भी उत्पादन होने लगा तथा इसने ज्योर्कबोर्न स्थित प्रयोगशाला भी खरीद ली।

सोलमैन ने ओस्लो की यात्रा करके नॉर्वे की संसद् को शांति पुरस्कार के लिए भी तैयार कर लिया। किसी समय फ्रांस में अल्फ्रेड को देशद्रोही करार दिया था, पर उनका बहुत सारा धन व अन्य संपत्तियाँ फ्रांस में ही फँसे थे। फ्रांस की सरकार उन पर कर लगाना चाह रही थी और देश से धन बाहर भेजने पर भी पाबंदी थी।

पर चतुर सोलमैन ने रास्ता निकाल ही लिया। सारा धन धीरे-धीरे करके एस्किल्डा बैंक में आ गया। सेंट पीटर्सबर्ग में जो चल व अचल संपत्तियाँ थीं, उन्हें एस्किल्डा बैंक तक पहुँचाने में इमानुएल नोबल ने पूरा सहयोग किया।

30 अक्तूबर, 1897 को सोलमैन ने सारी संपत्ति का ब्योरा जब सभी परिवारजनों के सामने प्रस्तुत किया तो वह 3,32,33,792 स्वीडिश क्राउन था। उस समय इसका मूल्य मात्र 70 लाख डॉलर था और रॉबर्ट नोबल के परिवारजनों, जिनमें रॉबर्ट की विधवा पॉलीन भी शामिल थी, को लगा कि समेटने की प्रक्रिया में घोटाला हुआ है और अल्फ्रेड के पास इससे कहीं ज्यादा था।

मामला फिर अदालत में गया; पर इस बात पर सभी लोग सहमत हो गए कि जो भी हो, अल्फ्रेड की अंतिम इच्छा अर्थात् पुरस्कार अवश्य प्रारंभ किए जाएँ और बाद में सभी पक्षों में समझौता भी हो गया। इस समझौते को राजपरिवार ने अपनी स्वीकृति भी दे दी।

इस प्रकार नोबल फाउंडेशन की आधारशिला रखी गई और 31 दिसंबर, 1900 को इसके पास 3,12,25,000 स्वीडिश क्राउन आ गए।

पर फिर भी, विश्व में सर्वोच्च माने जानेवाले इन पुरस्कारों के मार्ग में आने वाली बाधाएँ छँटने का नाम ही नहीं ले रही थीं। राजपरिवार सहित सभी संबद्ध पक्षों ने यह तय किया कि—

1. पुरस्कार पाँच वर्षों में कम-से-कम एक बार दिए जाएँगे।
2. नोबल फाउंडेशन द्वारा अर्जित वार्षिक लाभ/ब्याज की 60 प्रतिशत राशि ही पुरस्कारों में दी जाएगी।
3. पुरस्कार राशि को अधिकतम तीन लोगों में ही बाँटा जाएगा।

अंततः न्यायालय ने भी मंजूरी दे दी। इस प्रक्रिया में इमानुएल नोबल ने अहम भूमिका निभाई।

अंततः हर वर्ष 10 दिसंबर को नोबल पुरस्कार देने के सपने को साकार किया गया।

□

नोबल फाउंडेशन :
प्रस्ताव से पुरस्कार तक की यात्रा

वर्ष 1900 में नोबल फाउंडेशन का गठन एक स्वतंत्र एवं गैर-सरकारी संगठन के रूप में हुआ और स्व. अल्फ्रेड नोबल द्वारा छोड़ी गई जायदाद को बेचकर प्राप्त राशि इसके स्वामित्व में आई।

इस फाउंडेशन का एक निदेशक मंडल है, जिसके छह सदस्य हैं और इसका अध्यक्ष स्वीडिश सरकार द्वारा नामित होता है, जबकि अन्य सदस्यों को पुरस्कार देने वाले संगठनों के ट्रस्टी चुनते हैं। फाउंडेशन ही पुरस्कार समारोह का आयोजन भी करता है।

विभिन्न पुरस्कारों हेतु व्यक्तियों के चयन के लिए संगठन इस प्रकार हैं—

- **रॉयल स्वीडिश अकादमी ऑफ साइंसेज**—यह संस्था भौतिकी व रासायनिकी में नोबल पुरस्कार विजेता का चयन करती है।
- **कैरोलिंस्का संस्थान स्थित नोबल असेंबली**—यह शरीर क्रिया-विज्ञान या चिकित्सा-विज्ञान में नोबल पुरस्कार विजेता का चयन करती है।
- **स्वीडिश अकादमी**—यह साहित्य में नोबल पुरस्कार विजेता का चयन करती है।
- **नॉर्वे की नोबल कमेटी**—नॉर्वे की संसद् पाँच सदस्य चुनती है, जो विशेषज्ञों की सहायता से नोबल शांति पुरस्कार विजेता का चयन करती है।

बाद के काल में बैंक ऑफ स्वीडन ने स्व. अल्फ्रेड नोबल की स्मृति

में अर्थशास्त्र का नोबल पुरस्कार प्रारंभ किया और इसके विजेता के चयन की भी जिम्मेदारी रॉयल स्वीडिश अकादमी ऑफ साइंसेज को दी गई।

पुरस्कार के चयन हेतु जो समितियाँ गठित होती हैं, वे बहुस्तरीय कार्य करती हैं। पुरस्कार का आधार तय करना, विजेता चुनना, विजेता के कार्यों का प्रदर्शन करना तथा अन्य गतिविधियाँ—सभी इन समितियों द्वारा ही होता है।

हर वर्ष ये समितियाँ 1 फरवरी तक प्राप्त प्रस्तावों पर कार्य प्रारंभ कर देती हैं। पुरस्कार हेतु हजारों प्रस्ताव आते हैं। ये प्रस्ताव विभिन्न संस्थानों व विश्वविद्यालयों से प्राप्त होते हैं।

नोबल समितियाँ विजेता के चयन का कार्य पूरी गोपनीयता के साथ करती हैं और अक्तूबर के मध्य तक चयन पूरा हो जाता है। यह चयन अंतिम होता है और इसके खिलाफ कहीं पर भी अपील नहीं की जा सकती है। किसी भी स्थिति में पुरस्कार तीन से अधिक लोगों में नहीं बाँटा जा सकता है। ये पुरस्कार विजेता मरणोपरांत नहीं चुने जाते हैं; पर यदि चयन के बाद विजेता की मृत्यु हो जाती है तो अवश्य दिए जाते हैं। चयन करते समय व्यक्ति की नागरिकता, मूल, धर्म, विचारधारा का कोई ध्यान नहीं रखा जाता है।

ये पुरस्कार अल्फ्रेड नोबल की पुण्यतिथि 10 दिसंबर को हर वर्ष स्टॉकहोम तथा ओस्लो में एक साथ दिए जाते हैं। स्टॉकहोम में राजा स्वयं पुरस्कार देते हैं और दोनों ही स्थानों पर राजपरिवार के सदस्य उपस्थित होते हैं।

प्रथम भव्य नोबल पुरस्कार समारोह

पुरस्कार विजेता पुरस्कार देने से पूर्व या बाद में अपना व्याख्यान देता है। ये व्याख्यान प्रकाशित भी किए जाते हैं। नोबल द्वारा स्थापित निधि अब भी सुरक्षित है और बढ़ रही है। इससे पुरस्कार राशि भी बढ़ रही है। विज्ञान ने काफी प्रगति की है; पर अल्फ्रेड ने पुरस्कार हेतु आधार की ऐसी परिभाषा तैयार की थी जो अभी भी सुदृढ़ है। □

परिशिष्ट-1

औद्योगिक विजय पताका : प्रमुख मील स्तंभ

1864—स्वीडन : स्टॉकहोम से 10 कि.मी. दूर विंटरविकन में छोटी पूँजी से कारखाना लगाया।

1865—नॉर्वे : दूसरी नाइट्रो-ग्लिसरीन कंपनी की स्थापना की।

1865—जर्मनी : क्रमेल में नाइट्रो-ग्लिसरीन का कारखाना लगाया, बाद में नॉर्वे के कारखाने से प्राप्त राशि को भी यहीं लगाया।

1866—संयुक्त राज्य अमेरिका : पेटेंट अधिकारों की रक्षा के लिए अमेरिका गए और इसमें सफलता पाकर नाइट्रो-ग्लिसरीन कंपनी की स्थापना कर डाली। न्यू जर्सी में नदी में स्थित नाव में कारखाना प्रारंभ हुआ। एक विस्फोट में यह नष्ट हो गया और उत्पादन ठप हो गया।

1870—फ्रांस : पॉल बार्ब के साथ मिलकर कारखाना लगाया।

1871—ब्रिटेन : पूरे ब्रिटिश साम्राज्य पर कब्जा करने हेतु ब्रिटिश डायनामाइट कंपनी की स्थापना की।

1876—पुनर्गठन : जर्मन, फ्रेंच, स्विस कंपनियों का पुनर्गठन किया।

1880—इटली और स्विस कंपनियों का विलय।

1886—डायनामाइट कंपनियों का कार्टेल बना।

1887—शेष नोबल कंपनियों का विलय, फ्रांसीसी, स्पेनिश, इटालियन-स्विस कंपनियों को मिलाकर लैटिन ट्रस्ट का गठन।

1894—स्वीडन में बोफोर्स कंपनी खरीदी।

□

परिशिष्ट-2

समय के आईने में

1833—स्टॉकहोम : स्वीडन में जन्म, पिता इमानुएल नोबल का दिवाला पिटा।

1837—पिता पहले फिनलैंड गए और फिर रूस स्थित सेंट पीटर्सबर्ग, जहाँ एक यांत्रिक कारखाना लगाया। शेष परिवार स्वीडन में ही रहा।

1842—नोबल परिवार का सेंट पीटर्सबर्ग में पुनर्मिलन।

1850-52—अल्फ्रेड पेरिस गए और प्रख्यात रसायन-शास्त्री द जूल्स पेलॉज के साथ एक वर्ष तक कार्य किया। इसी अवधि में इटली, जर्मनी तथा अमेरिका की भी यात्रा की।

1853-56—क्रीमिया युद्ध छिड़ा, नोबल परिवार का कारोबार पहले चमका, पर युद्ध समाप्त होने पर रूसी सरकार के हथियारों के क्रय आदेश रद्द होने पर उनका फिर दिवाला पिट गया। इसी दौरान पिता-पुत्रों को नए उत्पादों की गंभीरता से तलाश थी। ऐसे में अल्फ्रेड नोबल के एक शिक्षक जिनिन ने उनका ध्यान नाइट्रो-ग्लिसरीन की ओर आकृष्ट किया।

1860—अल्फ्रेड नोबल ने नाइट्रो-ग्लिसरीन पर अपने प्रयोग प्रारंभ किए।

1863—नाइट्रो-ग्लिसरीन (ब्लास्टिंग ऑयल) को एक औद्योगिक विस्फोटक के रूप में प्रयोग करने पर पेटेंट प्राप्त किया। नाइट्रो-ग्लिसरीन के विस्फोट को ट्रिगर करने के लिए इग्नाइटर (ब्लास्टिंग कैप) विकसित किया और पेटेंट कराया, वापस स्टॉकहोम आए और प्रयोग जारी रखे।

1864—अल्फ्रेड नोबल का छोटा भाई स्टॉकहोम स्थित हेलेनबोर्ग में नाइट्रो-ग्लिसरीन तैयार करते हुए मारा गया। नोबल परिवार ने प्रयोग जारी रखे और स्टॉकहोम में नाइट्रो-ग्लिसरीन ए.बी. कंपनी की स्थापना की।

1865—अल्फ्रेड नोबल ने ब्लास्टिंग कैप में सुधार किए, वे जर्मनी आए और हैंबर्ग स्थित क्रमेल में अल्फ्रेड नोबल ऐंड कंपनी की स्थापना की।

1866—संयुक्त राज्य अमेरिका में यू.एस. ब्लास्टिंग ऑयल कंपनी की स्थापना की। क्रमेल स्थित प्लांट में भीषण विस्फोट हुआ। अल्फ्रेड ने नाइट्रो-ग्लिसरीन को और सुरक्षित बनाने के लिए नदी में एक राफ्ट बनाकर उस पर प्रयोग किए। नया विस्फोट डायनामाइट तैयार हुआ।

1867—डायनामाइट का पेटेंट प्राप्त किया।

1870—पेरिस में डायनामाइट का कारखाना स्थापित किया।

1871—ब्रिटिश डायनामाइट कंपनी का गठन, जिसका नाम 1877 में नोबल्स एक्सप्लोसिव कंपनी रखा गया।

1872—पिता इमानुएल चल बसे।

1873—धनी हो चुके अल्फ्रेड ने पेरिस में मकान लिया, आर्डेर में नाइट्रो-ग्लिसरीन व डायनामाइट का निर्माण प्रारंभ।

1875—अल्फ्रेड ने नए विस्फोटक जिलेटिन का आविष्कार किया, जिसे अगले वर्ष पेटेंट कराया।

1876—सेक्रेटरी के लिए विज्ञापन देने के पश्चात् बर्था से मिलन, पर जल्दी ही बर्था नौकरी छोड़कर चली गई और शांति कार्यकर्ता के रूप में कार्य करने लगी।

1880—इटली व स्विट्ज़रलैंड की कंपनियों को मिलाकर नई कंपनी का निर्माण।

1881—पेरिस के बाहर सेवरॉन में जायदाद व प्रयोगशाला खरीदी।

1885—जर्मन कंपनियों को मिलाकर एक बड़ी कंपनी बनाई।

1887—फ्रांस में बैलेस्टाइट का पेटेंट प्राप्त।

1889—माता एंड्रीयाट चल बसीं।

1891—विवाद के कारण पेरिस छोड़ा, सैन रेमो (इटली) में बसे।

1893—रैग्नर सोलमैन की सेवाएँ लीं। बाद में इन पर वसीयत की जिम्मेदारी पड़ी।

1894—स्वीडन में छोटी बोफोर्स मशीनरी कंपनी खरीदी।

1895—अंतिम वसीयत पर पेरिस में हस्ताक्षर।

1896—सैन रेमो इटली में 10 दिसंबर को देहांत।

□□□